書名：鐵板神數（清刻足本）——附秘鈔密碼表（三）
作者：題〔宋〕邵雍
系列：心一堂術數珍本古籍叢刊　星命類　神數類

主編、責任編輯：陳劍聰
心一堂術數珍本古籍叢刊編校小組：陳劍聰　素聞　梁松盛　鄒偉才　虛白盧主

出版：心一堂有限公司
地址／門市：香港九龍尖沙咀東麼地道六十三號好時中心LG　六十一室
電話號碼：+852-6715-0840
網址：www.sunyata.cc
電郵：sunyatabook@gmail.com
網上書店：http://book.sunyata.cc
網上論壇：http://bbs.sunyata.cc/

版次：二零一三年八月初版
平裝：三冊不分售

定價：港幣　七百九十八元正
　　　人民幣　七百九十八元正
　　　新台幣　二千六百八十元正

國際書號：ISBN 978-988-8058-15-0

香港及海外發行：香港聯合書刊物流有限公司
地址：香港新界大埔汀麗路三十六號中華商務印刷大廈三樓
電話號碼：+852-2150-2100
傳真號碼：+852-2407-3062
電郵：info@suplogistics.com.hk

台灣發行：秀威資訊科技股份有限公司
地址：台灣台北市內湖區瑞光路七十六巷六十五號一樓
電話號碼：+886-2-2796-3638
傳真號碼：+886-2-2796-1377
網路書店：www.govbooks.com.tw
　　　　　www.bodbooks.com.tw
經銷：易可數位行銷股份有限公司
地址：台灣新北市新店區寶橋路二三五巷六弄三號五樓
電話號碼：+886-2-8911-0825
傳真號碼：+886-2-8911-0801
email：book-info@ecorebooks.com
易可部落格：http://ecorebooks.pixnet.net/blog

中國大陸發行・零售：心一堂書店
深圳地址：中國深圳羅湖立新路六號東門博雅負一層零零八號
電話號碼：+86-755-8222-4934
北京地址：中國北京東城區雍和宮大街四十號
心一店淘寶網：http://sunyatacc.taobao.com

一　欲步青雲無梯登陞斷宮可期

二　五七　白雲終是蔽明月落誰家

三　廿　閨中順利樂忘憂春日凝粧上翠楼

四　怙恃有思沾晶澤數定之爻先毋後父

五　四三　珠在掌中自然穩當

六　四八　灯花報喜吉事頻来

七　五三　大車既載無往不利

八　廿五　一家叶吉利涉大川

九　怀过人之志慕眾人之能

全　三四　如魚初得水踴躍往前行

一　燕山之子数中不爽而失三

二　兄弟三人却被功名利冲散

三　兄弟五人今存其二

四　許君遊泮春風睽丹桂須知自厚培

五　四三四　魚躍于淵游然無阻

六　行藏豹变知處过八

七　兄弟三人二人过亡

八　双親俱有寿异日父先母後归

九　四五六　美在其中暢于四肢

全乙午　主三　富自随人無往不亨通

一　謀事発達之期改換門庭
二　早運淹留中運通成家立業昌興隆
三　罡　白玉楼成天高但賦美矣
四　借問一生身外事遇龙之年是归期
五　問子三旬之外淂之始实
六　癸丑之年名登金榜
七　性秉仁慈無鄙吝气存和厚少驕矜
八　父子俱出家先天注定
九　壮　無禍亦無灾安居昌自来
分子辛　此刻生人数注是婢命方合先天此卦

一 卌 頼有吉神扶喚醒三春夢
二 卆 紅鸞相炤配夫之年
三 不入紅塵波上走惟號終日静中居
四 不幸萱花萎椿庭正茂長
五 卌三 一人進一人退吉裏藏凶須仔細
六 功名早崇淹沉中運紹可遂志
七 八八卦中先算定之南柯一夢報君知
八
九
命宮 时来運發男兒志裕後光前自有爲

一 數中四子得送老二子高飛鳴上林

二 兄弟四人一人失羣

三 廿二 西虎千墻見者有驚而無害

四 三雁高飛何期一隻归羅網

五 持家有則可奪天權

六 卅九 四十 輕舟波浪裏可知用力難

七

八 不為台閣三公貴百畝安閒樂自如

九 垂 鄉科及第

全卒 寒窗苦志發達不宜蚤

一　　同式三雁一隻先双
二　　頭胎水命兒难受再生木命始爲真
三　世　操存舍亡求之在我
四　廿九 四十　不是君家果江头風逆渡难開
五　三十　滿眼春花發一天秋月明
六　　若得杏林生意好須苦已問功名
七　　西堂咴君与慈幃昇日憂悲毋在先
八　　桂有秋香枝業秀物先發牡牡丹芽
九　丟　但有秋風便扁舟渡万山
八千○卒　丗　天運循还好運方轉

一　兄弟三人数当尽貴

二　出入交遊皆显達行藏守禮更施仁

三　兄弟四人数注俱貴

四　慈先归西厥当在後

五　不阴不阳待貴待賎出宮入宮身貴身荣

六　命主有刑择配宜金石

七　苎　出入通大道從此保初終

八　有子当貴亡者是次

九　安心樂田畴桔据不須憂

令午　此刻生人数注是奴命方合此卦

一 廿七六 未能光大終幽暗日落西山又反東

二 兄弟五人二人不全

三 廿三四 天高地厚莫可活窮愁

四 十三四 花為雨含藏咲口柳因烟鎖帶愁眉

五 五十九六十 新竹成林高旧竹奇花暮發勝先枝

六 卅三四 宣觀魯廟三緘口安覩曹娥八字詩

七 卅五六 欲左欲右 心安意穩

八 虛花兒女竟來多限上方能一盡忘

九 卅九四十 天边雁足傳書至一占梅花喜氣新

八十〇八十 七十九八十 五福壽為先平安樂天年

一　共　石旁有皮防破

二　兄弟三人中斷情離羣

三　丗　池塘水月新如釣夢斷邯鄲眉黛愁

四　兄弟四人我在空門

五　卋　富壽康寧精神倍爽

六　罡　風靜月華明高閣美笛声

七　磊　椿庭有寿狂風吹折

八　莊　此时得成功貴人指引喜匆匕

九　金殿傳臚人生大幸

分子卆

一　若娶偏房發生一子

二　廿三　鳥鵲逢林未可卽安

三　壬辰之年進士及第

四　丟　鄉科題名

五　花　江头昨夜報潮生侵曉楼头水正年

六　問名問利名不如利

七　桃李春風花不結三秋桂噴一枝春

八　佳人命運乖配浮郎不才

九　士年便要离鄉井

全是

一　丗　羣雁高飛三隻先投入罗網

二　　父終、年房金方合

三　毛　申運时未自坦夷慨然春色滿皇州

四　士　知君老至精神壯運求晚運事輝煌

五　畄　畐寿康寍明烛不怕凨和雨

六　　山高水深從有舟車不易行

七　苦六五　眉头開展事淂施張

八　罟六五　兒女虛多慨說之運上亏能念誌

九　　五行禀淂中和気轟〻烈〻迥出羣

全章　称彼兒能介以眉寿

一　罡六　蜻蜓莫入蜘蛛網螢火休教到上林

二　髦八　暗晦相侵流年不宜

三　廿九三十　凡事皆可謀善終善始

四　兄弟三人一在空門

五　卅一　人事不齊只多惆悵

六　廿五六　啾啾唧唧似黃昏四壁皆声織暮空

七　人物生清秀机関度量洪

八　一示　從前運限生狼狽今去春回淑氣催

九　讀書應有分難擬步青雲

全章　困于蒺藜三刑其妻

一　卅　数訣生子

二　　一二祟岂无事双親拮据生豢尔

三　乇　椿庭岂有寿今朝一旦亡

四　士　六阴匕極水成冰造物分明未有成

五　罟　花因雨妬連根瘦柳為風搖帶絮丟

六　　双親共樂享餘年异日哀哉母為先

七　卄五六　一擲千金便是胆家徒四壁不知貧

八　罒五六　危栋力尽休回首且看机園路可通

九　　昔日之偏今日之正嫡庶無分

全亶乎　兄弟六人四人先丟

一 六七 絺兮綌兮凄其以風
二 家計貧且苦好似雪中花
三 壬戌之年名登黃甲
四 啟後光前非俗子少年容易擢高科
五 父母可恃可見失于早年
六 早崇兄父莊子嘆中年難免鼓盆哥
七 要歷中運至有子可傍依
八 其人穎悟超羣襟懷洒樂
九 命有傷官作人繼室
全直卒 水火之年入泮方合此刻

一 椿萱俱已謝毋先赴瑤池

二 醫序案中題姓字泮林池内有名香

三 异路有功名遇猴之年方進步

四 午 人事從容老來清吉

五 㐂 安樂清閒老來足欲

六 性中傑物人中傑出入超羣志量深

七 㚖 雲收雨過日月光明

八 䘚 錦堂開寿域見孫繞膝畐無窮

九 順則千金不吝逆則一芥如珠

全章 𠀒 子如化龍人之報喜

一 廿六 乍暖梅花无気力沒时花影未全舒

二 椿枝先衍萱草後凋

三 戊辰之年名登金榜

四 卅五 八 灯花报喜吉事頻來

五 子有出繼先天㝎数

六 他时若肯輸錢粟异路功名可称怀

七 四十三 四 方疊岩前乱快馬于層裡駕孤舟

八 兄弟二人一入空門

九 四十九 五十 恍恍惚惚不但人嗔且有鬼噴

全真卆 六十九 七十 松柏老勁

一 三六 桃花初吐秀朝露襯紅粧

二 一胸热血偏招是非

三 十一 出水芙蓉秋綴秋江

四 四三 生子之年

五 兄弟三人一人不存

六 椿萱鶴算遐齡永先赴瑤池是母親

七 非吏亦非儒猛浪过崇月

八 殃重整

九 独雁南飛名宿食五人兩度是前緣

全章 桂子初虛秋後实原來有數定之先天

一　兄弟六人先失其一

二　知君多合高人意堪嘆常招小輩凌

三　早習詩書入泮宮崇寒然後識乔松

四　兄弟五人一在空門

五　廿五　漢宮昭君怨胡為我亦同

六　廿五六　喜氣足喜流年之慶

七　水年娶妻木年納寵方合

八　椿萱沽寵渥之封异日爻先入幽冥

九　廿五六　其年喪門相熠当有哭泣之哀

全書今　性質温良恭儉行藏恰似古人風

一 兄弟四人一在空門

二 坤人內助得良勤一生衣祿不求人

三 兄弟六人先失其二

四 一胞二女命招兩度紅鸞

五 兄弟四人一入空門

六 風火性情其心最急

七 結髮未涖諧老頭逕言錦帳續死央

八 花 梅花迥出羣清香扑鼻香

九 丁丑之年名登金榜

全莫卒 四宮見孛嗟虛口收成一二鳳凰郎

一　廿五六　利祿勝当年

二　兄弟六八先失其半

三　芙蓉生在秋江上不与君芳鬧异香

四　兄弟三人只全其一

五　不泛文武科中出命有総督一泛官

六　兄弟六八一入空門

七　卅四　雨沾春色園林茂月佈秋天宇宙清

八　卌七八　禍患不可惻不但人嗔且有鬼嘖

九　骨肉之中情少倚良人重配淂斉眉

全亘是　操持有大節勝劘丈夫心

一　　早運艱辛中運好成家立業喜相隨
二　　兄弟六人只得其五
三　丰　此时称孤子三年泣血悲
四　世　数該生子
五　筞　碧匕澄匕蒼苔露冷
六　　兄弟九人数当尽貴
七　圭　紅蓮初出水春草無氷霜
八　　四女乘隺去得子宜結遲
九　　財旺生宮在数中夫荣子秀喜無窮
全章　牡丹却是人間瑞花在園林色更新

一　涼風初至楚王臺煩热消除爽気来

二　由少壯而至老終無阻逆之虞

三　双親全白髮数之父先母後归

四　岂然女命無科第簪玉穿金到白头

五　困來宜擇避松樹耐歲寒

六　七歲　纯阴無日数止于此

七　不幸玉人惟欠寿先吾四十歲归泉

八　分有繼母嫡母生我是庶

九　兄弟七人現存其五

全章　姻緣早配名門子桂子得芳朵朵鮮

一　土年父先終，方合
二　四五六　春殘莫怨無顏色，喜有葵花映月紅
三　兄弟七人只存其四
四　雁羣七個一隻先飛
五　六五九　灘头無船壯志，見悲若無良馬何保侯
六　兄弟三人我在空門
七　离　阴微阴盛数止于此
八　辛苦拮据積後富而悠匕
九　四三一　九曲明珠穿不得，回头却問採桑郎
全直千四五六　俄然風捲浮雲去，禪房月色正光輝

一　廿四　杜鵑啼血泪月乄巳三更

二　卅九　兄弟七八四人不存

三　四十　一年着一年人事參差不可言

四　六廿七　簷前喜鵲噪報喜又報晴

五　今朝欲托前生事覓得螟蛉續後枝

六　兄弟九人我在空門

七　六十　本是同林鳥不幸雉着单先飛

八　六廿五　二月桃花紅灼乄三春楊柳綠綿乄

九　如龙如虎双七子送終实許二枝荣

全四十卅九　喜氣洋溢十分春色可人怀

一 廿九卅十 中途遇潍午潮有待

二 送終一子花明别樹

三 兄弟六人我在空門

四 寿算滔七八卦止七怕有漁郎来問津

五 十五六 芙蓉花開秋江冷浚

六 子産河東三鳳器他日飛翔有個賢

七 牡丹豈富貴梅菊不同芳

八 送老惟三子别樹一枝红

九 父先故于火年毋生年属木方合

全章 十七八 不進問行藏進五而退十

一　送老二子兩朶名花開玉樹
二　兄弟七人我在空門
三　花外鶯声巧春風草色新
四　七六宗　淹乜晦滞流年大不富
五　財帛破耗流年多滞
六　四三宗　安于没涫識父毋心
七　当有五毋之称
八　㐅花　虎兒出于押征夫不能前
九　子秀夫荣誰可及荣華直到七旬餘
全壹百卆　天妻同庚淂齊眉宛央同年晚分鈫

一 丗 暗中摸索處隙路有光明
二 亍 破家一床蝴蝶夢驚散夗央不成眠
三 曲 數誤生子
四 卆兂 上苑奇花呈富貴庭前綠竹耀祥光
五 卆兂 南極祥光照我身此年幸有花甲臨
六 叁 南北江山爭秀麗風前花柳正繁華
七 送老四子三枝挺秀
八 子許成双是良材量有埋蛇救蟻功
九 利子益夫正好助家之際
全章 無子似有子副室之兒送我終

一 四惪主兼全巨家主權

二 水年火年俱得子奈土命年先去

三 少享蔭庇之年晚啟後人事業

四 送老三子兩朶名花開玉樹

五 克勤克儉能内助一生衣祿自安然

六 四十 俄然風捲浮雲去中天月色盡光輝

七 伯道無兒天道絕幸有從子唱离哥

八 五十 旧恨新愁且莫問須知從此復安然

九 父去永不归人子泪沾衣

全章 劳碌心間事不間三分火性在心偏

一　性賦剛直无偏无私

二　凨吹雲散月光明枯木生花滿戶庭

三　骨肉之中情不足六親恩誼冷如水

四　不遊孔孟之門乃讀蕭曹之律

五　未嫁而姑先亡婦之不幸

六　六九　青年跌破菱花鏡驚散鴛央再会难

七　七十　岩畔青松樹根盤石上生

八　太阳且役形骸俱臧

九　七十八　運轉遇解凶成吉煩惱无根着意消

全寬十　玉人之寿短吾五年

一　慈航普濟早登菩提

二　夳六五　晚年進畐子振家声

三　罜　財帛破耗流年不利

四　六七　前顧後盼挣挫艰难

五　卅二　机会不來大圖何爲小就

六　椿樹既先折

七　椿樹既先折萱花在後萎

八　雁門品字方成陣終始分羣名一天

九　廿四　喪門相炤我一家八到堂前棟樑傾頹

全三百足　金年尅妻火年再娶方合此刻

一 十九二十 從前每事樂惟芳喜氣重〻降吉祥

二 丙辰之年名登金榜

三 廿三四 和風日暖時〻樂進喜添財事〻新

四 三業 正当荊棘路扶杖又崎嶇

五 四十廿九四十 花淂雨淋偏馥郁美璋还应梦中詩

六 翁姑俱喪婦之不幸

七 四九五十 漫〻徹夜風又雨吹落梅花白雪飛

八 妻未归門而亡緣之浅也

九 夫 喪門相招憂萱親脹

一千 東边沉了西边挽引動人間是与非

一 共 門庭閙乱蛇伏雷途

二 丰 別諸姑辞伯姊一双红烛洞房輝

三 老椿雪壓已多年萱花堂上畐殤匕

四 堪嘆孔怀缘乃浅数中幾有也分离

五 罒 剪却秦荖循大道撥開雲霧見青天

六 不作生涯不耕田一生常在貴人边

七 芏 一重欢喜一重愁峻嶺扳枝着力遊

八 莫說少年荣枯事梅花雪裏見精神

九 性秉仁慈無鄙吝气存和厚少骄矜

全書卆

一 五千四九 諸吉皆在門庭喜气
二 孤雁成行当有继立之子
三 三千一 富星炤耀天喜臨門
四 二千九 欲謀圖進用枉費决无功
五 罜 声名多宇宙皇都浔意同
六 壵 灾晦相侵流年不寍
七 二千九 一重欢喜一重愁高低崎嶇着力遊
八 罜 財帛破耗流年不利
九 五九 二千 守田安居㐫危无咎
全彙 玉人之寿短吾十年

一　卌六三　狂風吹散葉飄動不安寧

二　四三　財帛破耗流年不利

三　卅　雲沒月明花開兩宴

四　假為台閣三公貴令人巧作古人形

五　卌六五　到處交情容易投清風車馬任追求

六　自有高人輕借力兩重門戶滑光輝

七　試看園中花與果晚年丹桂一枝香

八　數中偏枯形傷命妻宜遲娶子亦遲

九　卌六五　迢上前路未通津草故從新始見成

金章

一　结髮夫妻防有尅还須璣尔浮

二　罷八　貴人相扶便可期庭前枯木鳯來儀

三　五九六十　平行安樂地更有畐相随

四　知音携挈去江山入酉堂

五　罝　財帛破耗也是定数

六　一双玉手千人枕半点朱唇万客常

七　不用詩書思緣位只图農業樂終身

八　梨園讀尽千家錦也教及第早登科

九　人生繾綣有何用不若劉伶落醉鄉

全書卒　有人未問迷津路水在長江月在空

一　入池欲知誰是伴一塵不染出入踪

二　任君富貴榮華処盅為鴆口樂菩提

三　丗　如花開日枝一秀似草抽林節

四　義裏成仇思中招怨

五　兄弟七人数中尽貴

六　圭　毋赴瑤池三年泣血

七　振父祖之箕裘啟後人之事業

八　要知命裏有刑杀妻宜娶娶子亦宜遲

九　卆尭　老來致仕归山去一片忠心逐水流

仝三真卆　破去財帛命帶耗星

一　卌三　不進須当退方免阻蹇憂
二　忠厚立心天賦其性
三　兄弟九人數有七貴
四　卆九　日出被雲翳时下暗光輝
五　卒　明匕積雪厚三丈凍雲式
六　圭　生子之年
七　兄弟五人我之空門
八　六十五　路途崎嶇撐过一裏是坦夷
九　夫配金水之年方合此刺
全章共　名登金榜

一 五七八 謝安選勝東山終日爵酒

二 水年木年生子多損方合此刻 头胎兒局水 次胎兒局木

三 卅二 上下多不和門々喜慶多

四 卅 且宜先退讓僅可免灾危

五 五三六 獲得金鱗捲釣絲江头月落醉眠时

六 四七八 名進賢閑弓馬入泮

七 六七八 紅鸞相照見喜而免灾

八 四十廿九 上下皆仇怨口舌遍人來

九 送老多子以婿爲兒

全三百千五十三二 哀々泣々正有刑傷

一 蟠桃三結子丹桂一枝香

二 官至刑部錦衣榮归

三 四三四三 榮謀順遂動止安祥

四 十五六五 日現中天光明普照

五 四二 財帛破散皆因耗入命

六 二十十九 春暖桃花色艷光華

七 五十四十九 民奇陶舞樂堯天

八 二十一二十二 房考之年

九 四七八 武曲焐命三場捷报

全章卒 三四 菊因秋老連根庾桃爲風飄帶雪玉

一　萌袭國公之戢祖宗棓植根深

二　芁　掃淨長空放出蟾光皎潔

三　圭　老樹葉落歸于根

四　癸丑之年名登金

五　𠓻　百晶駢臻喜氣盈門

六　卅　海棠花着雨泪濕胭脂

七　双双紫燕一隻高飛雲外間

八　五耗入命多耗錢財

九　卉　正宜發奮向前好個声名聞譽

十　卒　耳順之年晚運宜桑榆暮景富相隨

十	九	八	七	六	五	四	三	二	一
乙未之年名登黃甲	崇高富貴五福咸偹	以監而選州同可能高擢	來能光大終幽暗月落西沉絕炤中	紅鸞相炤喜事頻來	时值元阳俄然雨露爽人怀	阳春復來先报喜雪餘欢適賞紅梅	其人厚重自持悳高心下	以監而出仕任至有司	琵琶江上曲回首正堪愁

三十 廿九 四 廿三 四十 三九 六十 五九

一 [illegible] 文章字〻珠玉必然金榜題名

二 [illegible] 死妄之灾而失之牛仔人之得邑人之憂

三 母先辞世抱恨終天

四 [illegible] 人生七十古來稀却当六八竟归期

五 [illegible] 山深路迷竟得樵人来指引

六 兄弟十人数有八貴

七 [illegible] 少年丧父人子大不幸

八 [illegible] 夆步多荆棘見凶須要防

九 一生无大患平安享福保初終

會平 三十年前不得閒後運來福獲綿〻

一　兕　大耗小耗匕我財帛

二　柰　大風抜樹根本难畱

三　䍗　武曲焰命三塲搥报

四　垩　浮生如雲相似往事已梦一塲

五　埀　頼有吉神相烱終房坦曳不爲凶

六　䍗　今朝一旦計归程滿眼親知泪殘零

七　茳　灯花结蕋喜事頻来

八　兗　南山杜鹃啼句七頻言客不归

九　𠓗　課雨問睛爲中天順人

鑰　玉人不吝眉先吾十五年

一　罡　夜雨正逢春宇宙生和気

二　吉　寿雾数尽渺乚茫乚

三　䜲　良田種松竹節操自盤根

四　至　数至子宮美璋之喜

五　運至四旬自称其心

六　兄弟十人数有七貴

七　奎　風恬浪自静色秀不須凝

八　罡　有美色之能豈但斉家

九　罡　禍患不可測不但人嗔且有鬼嘖

會卑　卒　天耗地耗乚我金玉

一 卒 借螢火之光暗室輝明

二 杂 畀匕恩星炤黃河日漸淸

三 罘 泛前多疾厄泛此莫狐疑

四 㐂 粉黛一灣新月慶園林花放老生春

五 圭 韶光明媚人在錦叢中

六 毛 可把陰功祈善保怨字無心一在头

七 毛 数尽年止

八 以武舉而選于總不幸之幸

九 科甲及第

金亖夲㐂 总然不是同行道攬譽深行亦無傷

一　五十四　旋馬路崎嶇立馬対斜輝
二　五十三　北斗日中現目前有憂疑
三　莫恨妻妾緣分命中惟帶一孤神
四　椿樹已先折萱花在後萎
五　十三四　紅鸞帝白虎吉裡又藏凶
六　五九六十　入耳秋声愁人离恨
七　十三一　初生嫩松栢栽向雪中霜
八　五十四　白虎現形見者有驚
九　四五四六　名列武場弓馬入泮
金賁四十四八十　運至时來名利兩得

一 垂 閉門当相守不管戶外憂

二 罡六五 多端風雨催春去落尽枝头桃李花

三 圭 流年有慶灾星不能侵

四 棄 五祟归土何須养毋

五 罟 梦魂千里去室中离恨深

六 丗 鵲噪南樓喜事頻来

七 艽 未酧怀抱之恩咏至蓼莪而興感

八 弄 孝服臨門憂及于父

九 芢 左支右吾憂悶頻多

全覃 垂 秋風吹鹿鳴天上降麒麟

一　坴　蔦老花残人去遠跨鶴乘雲上九天

二　垩　二耗人財不能穏守

三　　　分有前毋尔即継毋

四　　　気度弥沉不可推測

五　卒　聞道東君駕来同水流花謝兩相催

六　㚔　飄落呉江冷金凨陣匕寒

七　　　双匕雁陣同飛舞兩個高翔一独鳴

八　垩　財帛破耗流年不利

九　壵　雲鎖嬋娟秋寂寞凨吹桃李花凋残

金畐斗　五人不斉眉先吾十九年

一 垩 耗星大多

二 垄 呼童尋行李不必問東君

三 兄弟九人數有七貴

四 圭 災晦綿綿眉頭未開展

五 吾 財帛破耗

六 卆 椿庭有年暴風吹折

七 癸未之年名登金榜

八 㭘 太平身敢趄目下有未頭

九 丟 昏昏黑黑鬼魅現形

金冥午 𠫪 龍吉星照災毒氣動搖

一 己丑之年名登金榜

二 [illegible] 人事多樂家事與隆

三 [illegible] 錦帳蘭芳春花秋月

四 共 一夜金風吹三更玉露寒

五 [illegible] 三九年來運已通成家立業自興隆

六 許一子送老挺秀之兒

七 [illegible] 力勤撑波艇乘風得到瀛

八 [illegible] 豹變西南山霧鵬博北海風

九 [illegible]

金[illegible] [illegible] 武曲炤命三塲捷報

一 芢 穷苘愁相对正是难爲难
二 罿 暮夜有賊須防不失
三 玉人自是不齐眉早春三十宅之归期
四 苷 数該生子
五 共 凤吹椿枝折三年泣血悲
六 芜 寿数已尽难享八旬
七 二十十九 楊花扑面难免孝服
八 蒜 童未成人一旦归西
九 苤 生計順相茫生計不亨通
全草 罡 楚山莫謂無椿机潮水还防有鱷魚

一　罡　緣木求魚必不可得
二　卋　匆是匆非優游禅室
三　甚　初間一片月若到中旬倍十分
四　壵　安居順遂酌酒高哥
五　　　借問一生身外事遇羊之年是归期
六　　　知君老至精神壮宝劍光輝鬼胆寒
七　　　案头列姓字始登泮水栄
八　堇　陸地行舟难于用力
九　　　庙襲玉侯祖宗之功力不浅
全首千罡　匆物並不淺容樂于管絃中

一 奩 財帛耗破如水之流
二 㐂 芙蓉初出蘦独自古秋江
三 廿 灾晦纏綿眉尖叟蹙未開顔
四 垩 思慮須防事乃克濟
五 罡 所思尽可得有欲皆從心
六 垩 耗破二字天数注定
七 罒 尋常一夜窗前月纔有桃花便不同
八 金水之年入泮方合此刑爻的
九 享夫之榮房然快樂
金音乎 酷热已蒸薰風却又生

一　三六五　流水落花多小傷心事

二　辛未之年名登金榜

三　六三六五　功名事就措手安居

四　卌六五　一陣清風水面來共馨香拂這樓台

五　卅九　前途自有漁郎引不必遲疑自在行

六　三五六　破耗之運也是前定

七　廿　此年琴絃斷操出絕琴音

八　四廿三　心上事難言逢人强為寬笑

九　四三四　將星入命弓馬入泮

金五阜　四九　名登金榜

一　以庠而貢數由前定

二　可惜双親大消情眷眼移抛向荔園

三　六四三　移居于𡚒世事並絶

四　卅　謹慎終无敗灾消禍亦消

五　以監而選州同數由前定

六　五八　我生不辰少年喪父

七　十四三　挾持而得成功日雲開風轉計從龍

八　官至督府數由前定

九　五十　名登金榜

金五百五十　天恩未报父已入黄泉

一　　四雁同飛一隻先飛

二　罣　綠楊烟鎖伴黃昏愁听枝頭杜宇啼

三　六芒　楚樹果花景色明燕語鶯哥日暖晴

四　　其人終寿之数寅年戌中追求

五　其　母赴瑤池三年泣血

六　卌廿九　恍乜惚不但人嗔且有鬼嘖

七　六芒　彩雲扶日出秋水送潮來

八　　前妻絕子後妻一個兒

九　呂亖　欽命典試

全書卒　亖芒　唯头幾点桃花放一道春光次第來

一 毫 破耗重匕如川之流

二 叁 春風鼓動能生物春色宜人更惱人

三 钪 鼓腹而哥日暖風和

四

五 出家不了局竟到要还俗

六 蕖 如臨深淵如履蒲氷

七 罡 太阴行难度土計掩其光

八 艽 孝服相侵憂及于父

九 芢 涉川么不利将來運限通

金卓 可怜雏鸽曩悲哉向紅顔

一 桒 桃嫩不禁三月雨鶯鳴声嘆五更寒

二 奐 耗星入財不禁破耗

三 芲 花正開时色正艷連宵風雨又离枝

四 罡 先难後易運中如此

五 啚 八卦之中晚運奇不惟有寿相依

六 芏 名登金榜

七 圭 有榮多辱此爲多畐

八 磊 喜事足嘉光華滿堂

九 磊 浮雲少害不必思疑

金百平 罡 雲開山色麗風静竹枝安

一 遇考拔前茅必得廩膳之俸

二 八芞 祿勛星熠时到荣遷

三 垄 年華康泰事得称心

四 哭 楊花扑面三年泣血

五 出胎尅父莫大刑傷

六 哭 月缺花殘此年已傾

七 借問一生身外事遇馬之年是归期

八 其人性堅急能

九 六垚 喜气重來家門廸吉

丢昪孛 知命之年孝服來老椿含笑入幽冥

一 廿 花含晚霞暈濕淚古脂胭

二 廿二 多因春尽花零落欲渡清波欠便船

三 芒 三九年來運已通成家立業富且隆

四 廿六 险难还相及刚中且得时

五 卌 廿九 多恐復多忌運轉人还喜

六 卌六 鄉榜題名

七 卒 卌九 人事樂意家業且隆

八 亖七 梧桐秋月色好酒对知

九 幸 廿九 名利來不來眉头鎖不開

全竟是 空 昏々黑々鬼魅現形

一 𦬹 春令正好遊一朝風雨至

二 奎 老來生子人之大幸

三 幾度成未幾番敗幾更变幻幾更廷

四 奎 夫妻正好快樂时誰知竟被鼓盆哥

五 命有関系过房成業寿元長

六 𡗗 曉光明雲磨雲散月光明

七 廿 山岡之路可相通爲今此処趁東風

八 廿 親数已尽難留在堂

九 𠀍 順水行舟又得順風相送

全章十余 幼年喪父何当命蹇

一 芒 守经无灾晋安常富自随

二 弄 平地成天日凤雲際会时

三 犺 南柯梦人華夏国人億英雄眣語中

四 秋日丹成謝岩杏一朝引領向天行

五 凷 流年有咎晦氣相侵

六 半砅清泉雲外客一肩破衲寺中僧

七 兄弟六人先損其一

八 罜 高楼釜有梯俯視白雲低

九 羅 流年有灾晦鬼嘖逼人來

全章十 兵 兑有扁鵲復生乃為陰司所奪

一 茾 莫嘆当年不如意喜逢新運称心怀
二 兕 四九之年正正通成家立業畐且隆
三 兕 琹符相焰它有浮灾意外来
四 罡 幾番憂心事未宜言公相侮悔还生
五 埶 紅鸞相焰咏叶關睢
六 卅 進步宜有待欲速反成灾
七 罣 薰風微微起輕動綉簾来
八 罡 嗟子從来運未时今朝新運正相宜
九 芸 誰料半途分別出恨無言語对銀缸
全 圭 日影已落西回头不見归

一　廿二　欽命典試

二　五十二　金風忽振秋江好快意扁舟渡此潮

三　卌三　事机不密反遭悔吝

四　五十　進士及第

五　六十七　霽後雨晴春光暗度

六　四十三　魂迷流水去魄逐落花飛

七　天爲蓬島屋雲外作錦屏

八　十二　争外乘流風末便淸灯黄且勤勞

九　欲識生人数前三并後四

全套畢　風前之燭光摇不定之

一 五五六 遇尽前滩有後滩险处不为难

二 四四 大梦入黄泉

三 卌 花開正当艷風雨暴相残寿止

四 再任把総

五 兄弟十八数有七貴

六 八七 天地常存年華始尽

七 五五三 萱花经霜萎風雨又相催

八 綉幃重結鸳鸯蕋花開花落鳥長栖

九 四三 武曲归命二塲提报

全 四六六 寿短似花晶菪如紙

一 廿 終日苦奔馳勞々碌々幾時休

二 䛐 修德避難不可行險以求

三 廿 見險當思退漸回且喜安

四 𦍌 年逢五七寿如斯而巳

五 坐 此时老翁得道日南柯一梦問旦程

六 廿 命炤喪門萱花巳落

七 蠢 禍患不可測不但人嗔且有鬼嘖

八

九 兂 萱花巳落三年泣血

全算平里 雨漲長江波潮万頃

一　先女後男數定不差

二　卅　年當方壯不幸父亡

三　中年虛耗晚景豆隆

四　三九 四十　祚光相照喜事重七

五　廿九 二十　好事推人猶如馬足

六　四十三 四十　迷失桃源路还浅洞裏尋

七　四十二　时逢運長扇自日昌

八　十年父命先終方合此刻

九　一妻五妾數由前定

全章　五十三　当宴鹿鳴天賜麟兒

一　好修清淨最莫入風塵中
二　數定其人百隊中一總官
三　一妻又一妻兩度佳期
四　姊妹五人同父不同母
五　芒　志氣昂昂直上可以施為
六　共　人逢美景地花開宜春时
七　[illegible]　見危终獲最得遇險中生
八　芏　六七之年運正奇成家立業最相依
九　[illegible]　名進宮墙弓馬八泮
全首卆　芁　西龙已点睛破壁已飛騰

一　萬　文星墜落長江水檻外長江空自流

二　妻生一子妾產一兒

三　妻夫仝庚姻緣前定

四　仝羣五雁四只先飛

五　是人皆在牢籠内不成商賈不成儒

六　卅九　人逢美運地犹如花遇春

七　四十　可恨灾星不可逃犹如阴阳度禍愆

八　六十五　晶享安然祖門清吉

九　六十七　分有前生我後母

全冕十　四十三　虎咲岩前威勢大運逢駟馬路相宜

一　　本是清净無塵日悠然平地起風波
二　夳　帝宠星辰近天恩雨露济
三　　夫妻同庚前生注汪定之
四　茁　欲東欲西心中未定之
五　卒兕　運轉洪鈞去復來安回人事笑顏開
六　　鹿鳴渭宴無望琼瑶
七　弄　吉自天來無心之処渭逢財
八　毒　陰功積大官星显富至身荣
九　弄　房考之年
全覽是　罷　恍々惚々不但人嗔且有鬼噴

一　一妻不得諧老再娶方可齊眉

二　卌三　良宵有酒須当醉得意吹簫便月明

三　廿九卅　事机宜謹慎多是亦多非

四　兄弟八人樂奏幾般音

五　卌三　天喜星臨内外安然

六　戊戌之年名登金榜

七　卌三　財帛散尽不復来老年眉尖鎖不開

八

九　伯爵之蔭祖宗培植根深

全章　六十八　幾番人事多更变行尽根平路不通

一 [illegible] 椿樹有年狂風吹折

二 鴻雁成羣原非一母所生

三 [illegible] 自牖看天心咫尺天涯近

四 [illegible] 名進賢關弓馬入泮

五 知君本是良家子却食朝廷一分粮

六 夫妻全年姻緣注定之

七 [illegible] 樑木已殘不能須整

八 [illegible] 紫微星炤爵祿高榮

九 壯年勞勞碌碌之中老富而悠悠

[illegible] 身呂淂墜却有仁心

一 廿九 身居在營伍却有仁心

二 四十一 大鵬有健翼一展便冲天

三 四十八 閨門沵湘桃花現不管人間崇月稜

四 六十九 金風蕭颯西南喜氣多

五 十九 幼年而亡徒增長者之悲

六 五十六 淵明觧印归有隐酌酒黄花逹性情

七 哀哉風木恨椿樹受灾先

八 五十三 昔受皇恩廣今朝出貢期

九 八十七 無睛無明愁必莫釋

全章 慈母先去世收埋鏡台空

一　夫妻同庚百世姻緣

二　四十三　喜事足至嘉光華瑞気

三　三十四　処高不傷自危不亡

四　三十九　太阳東昇阴気消除

五　四十三　莫貪意外財謹守匣中器

六　四十六　傷心腸欲断泪血滴脂胭

七　一夫不得諧二夫正得斉眉

八　中運恢復强宗自立

九　七十　太阳西落已黄昏寿止

全章　七十三　路悠〻而怀轉入処〻而逢迎

一 廿二 経之營之勤力以度日
二 廿九 四十 鑽木取火大有所望
三 四九 五十 嘘嘘氣而直上五色彩雲呈祥
四 四九 五十 争訟不已更相牽纏
五 廿一 晦気相侵流年不宜
六 廿一 名登金榜
七 前妻無子後妻兩兒
八 名掛營中常行喜事
九 廿七 火奪其気时哀痛不如淚
全旨卒哭 杯水成海乾坤自家操

一　入贅成婚姻緣前定

二　卆兂　調鼎事復新享富入過人

三　六乇　行人路崎嶇指引漁郎

四　卆九　黃鶯出谷迁于乔木

五　兲乇　己亥銭谷己加增貴人指引倍享通

六　卆四九　喜鵲營巢久鳩居又变迁

七　卆九　数該生子

八　四九　命炤武曲三塲提根

九　六　其人寿夭一梦入華胥

全書卒　卆九　位值青尨喜事從容

一　芲　非文非武營伍相公
二　　　莫報東風急好花向春開
三　余　嫩草霜欺其色早萎
四　　　庚戌之年名登金榜
五　兵　惡星相犯高堂壽終
六　𦬹　尋問江上報道有未潮
七　𣎴　青雲得路夢叶熊羆
八　𦬸　恍忽不但人嗔且有鬼嘖
九　　　分有前毋生我後毋
全章共　千山景秀青翠奪目

一 兲 世事犹如春人生恰似浮雲

二 手中饋藥君子多助

三 身兑營伍能文而不能武

四 兲 兑逢金刀割忽使琴絃断

五 圭 年逢十二数定命傷

六 夫星兑旺身生來暗晦作偏房

七 倚券毋白頼以成人

八 廿六五 十里片帆軨平波浪不驚

九 廿四三 光事景于中年似春光之茂

全章卒 罡 禍患不可測不但人嗔且有鬼嘖

一 異 晴天雷吼君家有恐

二 人在紫微深処立笙哥韶楽在其中

三 蠢 欽命典試

四 圭 春深桃李到処成蹊

五 廿 名登金榜

六 罡 月色在中天西堂開展自峥嵘

七 花開未久春光尽可惜枝头一旦傾

八 垄 劝君早作山林計近水楼台總是空

九 却忌花前酒休貪不義財

全算 西堂佳気

一　𡚁　皃林滿堂老景安康

二　姊妹五人二人先損

三　莽　日出不堪雲浚匕花開只怕雨滂沱

四　数有不幸当死于非命

五　数有偏枯身当帶疾

六　罒　春酒今朝㷟嬉匕醉扎隣

七　卒　禍患不可測不但人嗔且有鬼嘖

八　㽒　悠匕畐長家門廸吉

九　早崇發財如湧水中年淂利似雷鳴

全昆足　晃　七匕之年孝服臨萱花已落

一　掌千軍之權持万人之册
二　亖　嘗尽艰辛苦滋味轉勝甘
三　羌　寒鴉栖木日沉西回首青山事匕非
四　七十六九　崇暮平穩
五　廿九　意之所至無憂無慮
六　勤力中豸財外地
七　已未之年名登金榜
八　兄弟三人数有二貴
九　四十卅九　将星炤命弓馬入泮
十　奎　明倫之任爲李師

一 芸 三復而問處事亦不濟

二 垂 潤鎖芳亭月門迎細柳春

三 数中注定之子艰辛惟生二女在堂前

四 壽 一朝天賜佳景至功㬎動常貫万邦

五 借問一生身外事遇蛇之年是旦期

六 垂 名進宮墻弓馬入泮

七 糾〻武夫公侯干城

八 甚 鄉科及第

九 垄 喜気重耒家門廸吉

全會中 莊六 演武及第

一 一 四百九十七 毋赴瑤池三年泣血
二 三雁高飛一隻在後
三 主持軍器家食天糸
四 以監而選府判數由前定
五 五千四百四十五 綠竹林中花出色白蓮池上藕生香
六 五千四百三十九 花開減却春之盡愁難盡
七 前妻去子後妻二兒
八 六千四百二十八 易得易失總憑
九 六千四百二十八 整頓自然不負良辰美景
全卦 五千 亀鶴之期高壽之年

一 艺 君子当思古人屡辞小人

二 正妻本乏子偏房許生兒

三 畣 風中之烛光搖不定

四 問文乏益問武有餘

五 身岂乏子頼有継孫

六 罿 保邦保民万国安寧

七 尭 耗星炤財錢財难守

八 苎 掾調中舟以当風波之鼎沸

九 命有關來一週而亡

全合甲 武曲炤命弓馬

一 卆 耗星炤命其年破耗

二 圶 南極吉星炤其年瑞気多

三 命帶孤神寡宿安恐尒多妻

四 姊妹四人前缘注定

五 六九七十 問晴求雨鼓腹羲王之世

六 以監而納中書出入荣显

七 四九五十 喜事时逢泰安業日漸長

八 任君多尽千般藝不离行伍一兵丁

九 莊五 林木春将近芳菲景色新

全皐辛杂崇 生来未滿旬徒增父母之悲

一　坴　阳開一曲斷腸声草木青山別故人

二　花　武場合式入泮

三　𡍩　呦呦鹿鳴天賜麒麟見

四　坴　黄菊逞東籬秋色勝春色

五　𡒄　建国安邦北牧侯救民出衆樂忘憂

六　𡍦　晴箭㬥未当防險处

七　𡍨　當鼓其腹前樂太平

八　花　財帛勃發湧泉而至

九　花　麗日正芳非春風吹柳絲

兊亶卆　𡒄　狂風葉落枝难長波浪孤舟橹不岀

一 丗 晦気相侵流年一不利

二 兕卒 高枕北窗下悠然自適

三 陣伍中姓名不免

四 坴 朝霞映日西堂彩色交和

五 芼 金風肅殺不可當堂上萱花別故鄉

六 苘 科甲及第

七 拮据不求克享其子

八 數定三重客終身乘一馬

九 莽 林木春將近煥然景色新

全阜 咗 安然獲畐傳尒漸昌

集

一　　此刻生人死于木火之年方合

二　　幼年承斷数訣兩処双親

三　丗　前途有推呼驚防一点無

四　[illegible]　童限有憔悴当年有吉星

五　[illegible]　花移春苑限将娇全頼栽培雨露鐃

六　[illegible]　莫道浮雲無驟雨須防尺水起波涛

七　[illegible]　風前之烛危而难免

八　[illegible]　竹松古劲日秋色正春容

九　[illegible]　水漲長江急岸平孤舟自在可前行

[illegible]　[illegible]　鄉試中式

一 圭 孝子至此之称不亞班爛之樂

二 廿 寿也少四同一春矣

三 秋凤桂子花開晚海上蟠結子遲

四 罒三示 其年兒好難免啾唧

五 罒王 一片白雲迷戶內孝服相催

六 罒三四三 一泓清水映滿堂春色光明

七 六五十 恍乚惚乚不但人嗔且有鬼嘖

八 卒五九 瑞日祥光珠琲現祥烟吹動綺羅香

九 十四 名登黃甲

全算十 務本營生理一世便無憂

一 丗三 病符相熠浮灾意外来

二 罒三四 鬱并涄泉其水汪然

三 三五六 許多煩惱許多憂変幻與亡事事愁

四 廿 㕒親数尽三年泣血

五 罒三 雨沽春色園林茂日徧秋天宇宙清

六 子息岂有生而难育命天犯

七 丗三 移花接木其運未涄舒

八 命熠武曲殿試中式

九 巽 天命加六数大限入黄泉

全九亘足 廿七六 演武及弟

一 坴 耗星炤命其年破耗
二 苎 雲烟雨散日月光明
三 尭 閒把酒杯消日月名利無關樂意濃
四 操持器量畏首畏尾
五 𡍮 老年喪父三年泣血亦英雄
六 罕 自嘆夫君先去世空餘銀燭伴黃昏
七 丗 断絃之憂是年之咎
八 鴆毒亡身妻訣藥死
九 坴 此年有耗星恐破財帛
全九百亞 琴瑟無音皆因絃断

鉄板神数

一 病符相熠浮灾意外来再配木年故舫

二 罕 靜中心地泰喜色上眉头

三 垩 母赴瑤池三年泣血

四 承昇姓之祀綿百年之好

五 共三 玉輪光皎潔景色煥然新

六 四三 暗中摸索処持見一天星

七 六五 紅鸞相熠配阜之年

八 早淹乜暮安然中間別有好花香

九 以財斧身日監

全九阜 四三 灾晦纏身流年不利

一　九七四三　寿止
二　天不绝尔後臨終却有娠
三　財帛不謹是以有禍
四　四三三六　撥雲見青天今年勝去年
五　八三二一　華堂八旬零災晦相纏
六　終身監生亦可見矣
七　廿五　鄉科及第
八　送老以女為兒
九　少年多災憂常不足
八九百卅　七　日中辰斗現光暗各分明

一　五十一　五滿五旬堂上萱花萎、

二　五十八　老年生子

三　四十二　中秋望月光圓千里

四　二十三　便借陰功修鼻寿栽培不至老枯松

五　五十六　房考之年

六　廿九　三十　兩滋芳草潤轉眼絲蔓匕

七　廿三　一琴絃斷必須再換韻方和

八　承祖居而廣大不止守成

九　四十四　破耗財帛

金鼎　花八　貴人点头其利可求

一　卌九五千　所浮惟中正安然不須憂

二　芸　堂上萱草落三年泣血悲

三　五五六　老年益壯探花玩月醉長流

四　共　数訣生子

五　卅三四　大阳相炤人物光華

六　五六　好花不嘗嫌春冷皓月閑門為雪寒

七　五三四　卜云其吉終焉允藏

八　卅九四十　数該生子

九　杂　九崇喪爻刑莫大焉

一千　卅九三十　遇險方為昌逢吉自可昇

一　　姊妹六八同父不同母

二　蘩　莫嫌早運晦須待水年榮

三　六五　勝地不常盛筵難再

四　　女命掾持有丈夫之度

五　卉　不利不利時運未至

六　五四三　中秋雲掩月黃昏難辨東西

七　廾　毋赴瑤池三年泣血

八　　官訟勾連是非難免

九　　命帶文星夫招秀士作夫人

全章卒　卒五九　己喜鹿鳴宴人羡產麒麟

一 三重隊内我堪羨轟轟烈烈迥出羣

二 数注寒窗名未成不如市内利盈盈

三 十五四 莫信时遲好須防有灾耗

四 造物多富貴人妻室

五 罒八乙 好意催人圖謀事事成

六 五十四九 波静浪平偏舟稳渡

七 二十四三 終日富無疑安常富自随

八 莫道老景無能処好似黄花晚節香

九 廿二 霄雨濃濃運至时通

十 全會个十奎 朱顏易老亦猶桃

一　六七　好運恰相逢扁象処匕通

二

三　武場中解元

四　臨事慷慨喜气融和

五　四三　王樹琼枝方得莱忽被狂凨吹折根

六　四八　太阳炤耀人物光華

七　三三　軽舟將近浪一喜又一憂

八　四八　片帆遇逆凨浪急幾蹉跎

九　四二　数該生子

八十五首个　老椿先作遊仙客萱草桃花在後归

一　　五雁同飛一隻先入罗笼
二　嚞　生子之年
三　　一樹名花今既卸從來無子結枝头
四　　命犯孤刑姻緣不宜早配
五　佥　凶神前後擾吉神擁扶持
六　军四九　興尽悲来識盈容之有数
七　圭　此时称孤子人生一慊事
八　卒　道途皆坦步動履無虞
九　乍统　已望之月其光漸減
全五百卒　甘　喜于不喜日月有盈虧

一 四三六五 元亨利貞大有所獲

二 四三六 此年无灾星見平安

三 六十五 天喜吉来炤臨无灾无难

四 仝氣四雁我何受傷

五 十二 前有餘月可以進步

六 六十七 夜雨正逢春万物生和氣

七 不洩文武科中出另有黃堂一丈夫

八 虎年文昌炤命必定青衣換衣

九 高雲錦帳誠堪羨冷落青氈不用憂

九定 夫大一年前生注定

一　　花前諧私盟到底宛央得成合
二　苍　圖謀順利運至時亨
三
四　䒷　勇往直前行之無阻
五　　兄弟同榜進士天發善門
六　　進退皆無位與師出中凶
七　　夫小一年烟缘注定
八　　借問欲棲林樹鵲何年却向帝城飛
九　　甲子之年武奎及第
卆千卉　利牝馬之貞坤人之吉

一 五七八 为福又为祥得利又得安
二 四三四 君今欲渡为何事如此风波未可行
三
四 今帶地因好友相邀至本生理
五 天公散入長受花前醉
六 十五六 士計犯本星注有牢灾行罪之苦
七 夫大二年烟缘注定
八 五七八 元亨利贞大有所获
九 丙子之年武舉及第
卆〇千 祖墳应出身五七童兒之憂

一 二 三 四 五 六 七 八 九 九十百卅四三

廿卅四

十七八

妻小一年烟缘定之数

父母全属鼠一定之数

孝服逅门披蔴烙命

火罗入水星难免狱中行罪之苦

小匕经营自能白手成家

桂子叢中双结实数中注定

戊子之年武科中選

柳花朴面孝服之憂

一　花　笑把粉香归绣户坐垂簾幙避塵埃

二　妻小二年烟缘注定

三

四　父属鼠母属牛数由前定

五　共　名登黄甲身赴琼林

六　卒　五星炤命注定年灾行罪之苦

七

八　花　无妄之灾其年不利

九　庚子之科武举题名

九千〇甲

一　亣　入立危橋下舟行起恐情
二　取四方之市利積後福而悠悠
三
四　父鼠毋虎先天注定
五　莽　月炤樓台內外光明
六　芏　木星炤命土宅为牢灾行罪之苦
七
八　𡗗　際会和平缶边光景
九　王子之年宜会鷹楊
十。卒芘　墻边楊柳依緣苦向年華處處聞

一 兕 閉戶靜坐是非惟门

二 早運遲々晚運美梅花只到雪時奇

三

四 父鼠母兔先天注定

五 無本手藝世上好失多得少陰功何志

六 藍 金木相尅難免獄中行罪之苦

七

八 苎 大小安寧福祿綿々

九 柔而能剛不類頌仲山甫

九千〇六十

一 数生之幼学不正盡去邪归正癸财源

二

三

四 父亂母危数由前定之

五 命带天雄犯計星多本生理好难免後未悔

六 壵六 天囚犯馬難免盜中破財之悔幸逢生盛之年

七

八 好讀奇書字博士孫楊不遇枉徒去

九 学淂一搬好手藝不要本分却行时

夲七千十五 作暖梅花犹半吐初開柳眼未全舒

一 命犯惡曜之平不貪言之声
二 早運遲晚運美花開結子福悠匕
三
四 父鼠母蛇數由前定
五 三示 嫩竹成笋頓祖宗之庇祐
六 花八 計如相刑難免牢中行罪之苦
七
八
九 益三 多箱又倉福祿且康
卆〇仐 乙卯之年身歡膺揚

一 柰 窺春柳眼微々綠咲 日梅花淡々紅
二
三
四 父鼠母馬先天定矣
五 芒 科甲及弟
六 莽 罗星入命數注年中行罪之君
七
八 罡 知進知退居安慮危
九 萃 西水生声空有浪绣花虽美不聞香
仐孚卆
丁卯之年武場中選

一　二　三　四　五　六　七　八　九　全亘是

頼祖宗之庇祐方成丕業

父鼠母羊数内先詳

数有五子四子送老

天囚到鼠危定为牢灾行罪之苦

梅花始發万冉争妍

梨花帶雨柳絮随

己卯之年宴飲鷹揚

一 奋 落日平原寂寞蒼々滿霧氣

二

三

四 父鼠母猴先天注定

五 風吹碧桃落塵埃花開缶子由虛胎

六 卌 祟厄犯罗星難免牢灾行罪之苦

七

八 卉卉 柳樹怕經寒祟雨梅花帶雪隔年春

九 夰 岂喜未为喜逢凶不是凶

卆百十 辛卯之年武場得意

一 ⿱五十 ⿱艹洎匕雲迷月霏匕雨湿花
二
三 風月天边有紅塵禪室玄
四 ⿱艹⿰四三 父鼠母鸡先天注定
五 出胎便玄母幼时失所恃
六 ⿱艹⿰六五 流年犯白虎相侵注定牢炎行罪之若
七 妻生三子妾生二見
八 坤命元亨夫明子秀
九 ⿱艹⿰八七
⿱仐卉 癸卯之年武場捷報

一 咒 輕々風雨拂沉々紅漸消疎緣未明

二

三 蒀 談经翻貝葉掃石落棋枰

四 爻鼠母犬先天注定

五 世 雷声岂大全無雨放下心腸且自寬

六 茞 罗計相炤之牢灾行罪之苦

七 桂子蘭孫天付家庭和気與隆

八 须知两雁同飛下一只先投入網中

九 卋 吉凶同途宜慎則慎

一 命犯流霞殺注当傷其手

二

三 卅五六 正乃東波向神之时

四 父鼠母猪先天定数

五 命犯流霞犯恶曜

六 華 火罗流年犯定之主牢獄行罪之苦

七

八 廿二 鄉科及第天賜佳兒

九 行伪害人反害己子息有虧报无穷

全章 廿 祥光相炤坤人足暢所怀

一　　望梅止渴究难实济

二

三　五七八　一窗明月共孤灯

四　　父母同属牛

五　　罗計相争有損数中死于水大之厄

六　四二　金水相炤难免牢獄行罪之苦

七

八　廿八　進士及第人生大幸

九　廿九　自思運未轉謀事反成凶

千百五十八四三　柳絮怕鶯新柰雨桃李隨風逐水流

一　其樂且康順境相忘
二
三　廿五六　逍遙物外樂無餘
四　父牛母鼠一定之數
五
六　四三四三　水土相犯牢災行罪之苦難免
七　六三四　君老矣何当垂任
八　曾晳覓之子冔一而
九　六三四　風月天边有人向好爭無
全皋　自生一子妾生五兒

一　穿僧家衣服为俗家事業晨參我梵王

二

三

四　父牛母虎

五　莾　樂水樂山间白書礼懺焚香念道經

六　罡　天囚入命莫辞行罪牢囚之苦

七　共　生子之年

八　汪宅先天少雁行到头兄弟不成双

九　先做香花後入禅林

至亀丁丟六　名登黃甲

一　幼年出家中年还俗

二

三

四　父牛毋兎

五　妻擅夫權有獅吼之風

六　四千八　天雄犯祟危注有年災行畢之苦

七　五千四百三　欲得心爭勝天公散人長受花前醉

八　三千　坤入律管換年華次第開时有好花

九　四千五百六　糚在影孤鸞鏡破玉簫聲斷鳳台空

十　二百八十　已生一子接生四兒

一　卅九　庇荫之下

二

三　五六五　美月吟風松間爽气

四　父牛母龍

五　廿六五　紅緣交新大称心怀

六　睪　水火相犯淫之年中行罪之苦

七　廿七　不如意事常八九

八

九　兄在東时弟在西一　双鴻雁兩分飛

叁覓十八六五　火在水上未濟之象

一　幼年出家先天注定

二

三　亥　逍遥无碍万法皈依

四　父牛母蛇

五　華　琴瑟和鳴細撥朱絃和鳳再舞

六　五三　崇厄犯木星命招牢獄行罪之苦

七　棄　安樂之象

八　棄　新竹无端破蒼苔新緣增

九　父母生年年歲不同注定同崇壽元終

奎覓癸八七　淹角崇月混沌乾坤

一

二

三

四 父牛母馬數定名差

五 罒卆 一林又一林撑过前途好稍停

六 五四三 天囚入祟厄注定牢獄行罪之苦

七 卄四三 欽命典試

八 六 早運淹沉志未伸不如待等好運臨

九 廿七 鶯因雨久声犹滞月为雲與不放光

九千三百一 六陰之象事不安康

一　早年妻离子散中年数当出家

二

三

四　父牛母羊

五　卅三四　尋花問柳千紅方紫樂意相将

六　丟三六　金星犯天囚数定牢中行罪之苦

七　罒　名登黄甲

八　卅三四　方里春風佈暖一天秋月揚辉

九

卆三百昇　雲裡月雨中花

一　父母生年合土之纳音死于水年方合此卦
二　休説六韜三畧祇涉吴路揚名
三
四　父牛母猴
五　森　时未至今君宜守何必徒劳费精神
六　五七六　天囚犯流霞难免牢中行罪之苦
七　卅　功名成就日一旦姓名揚
八　前生夙缘数当披剃
九　廿七八　釣于渭水时之未遇
十　奎鼎罡六五　披麻无情门庭闹乱

一 中年出家數由前定

二 父午母鳮

三 豈是出家僧常作俗家事

四

五

六 五九卒 金木相犯主有牢中行罪之苦

七 天配水火子招金土方合此卦

八 廿 撐过山时又是閑緣遭徐行免見傷

九 九二 五福寿为先平安樂天年

九千三百四

一　共　名登金榜

二　齒　禪房却被雪花侵

三

四　爻牛母大

五　修造殿宇旺釋家日新佛像旺空門

六　坴　天囚人些厄定招年中行罪之若

七　世　雨妬桃花雲迷秋月

八　亘　百歲有幾人天賜我有零

九　九　乍雨乍晴春無定花開花落雨無情

坴皋戦　桔椐不遑之象

甲集

一 名登黃甲

二

三 叅罷禪机活葛藤

四 爻牛母猪

五 [illegible] 篙中金菊耐霜寒

六 [illegible] 命帶天囚星難免牢中行罪之苦

七 [illegible] 明花滿庭時時樂意

八 [illegible] 衣白食肉不負天年

九 半簾秋葉草碧滿園春花寂寂

全章 [illegible] 屯蒙之象事不安寧

一 若問壽元何日止花甲將週是歸期

二 水滿池塘花滿枝青青葉裡自聞香

三

四 父母全屬虎先天注定

五 [illegible] 查得寿元足矣

六 [illegible] 天因人命定招牢中行罪之苦

七 [illegible] 鄉科捷報天賜佳兒

八 [illegible] 七夕有雲天淡淡中秋無月夜朦朦

九

[illegible] 滿眼兒孫多富貴福如東海寿南山

一 [illegible] 春風吹雨遍殘枝無數花丟水一池

二 [illegible] 萬恨千愁人易老春面依旧生芳草

三

四 爻虎母鼠

五 招得土木之夫木火之子方合此卦

六 [illegible] 命犯天囚注定牢中行罪之苦

七 若命阳年何日止七旬加五是归期

八 喜怒不形物我無間

九 [illegible] 不知氣力寒多少但覺新愁夜上楼

垄卓 [illegible] 無語对斜暉萬恨千愁只自知

一　甲午之科宴食鷹揚
二　卅八七　黃葉委風自落秋雲不雨長陰
三
四　父虎母羊
五　五十一　數該生子
六　六十五十　天囚入命定招牢獄之苦
七　五十四三　借流螢之光若隱若現
八　廿三　流年大運地当入宮墻時
九　不逢文武科中出命有卓　總陞
七十三萬九千八七　黃金不为貴能安值不多

一　丙午之年武場捷報

二　五四三　不必问荣枯荣枯未有期

三　天宜硬对方得谐老

四　父虎母兎

五　五八七　逐鹿逐失鹿求名未得名

六　老来借三春以足八旬之数

七　廿八七　錦绣堂中列绮罗春風入户鳥声和

八　三七　生子之年

九　十卅　事遇從容怀抱安金風一陣夜生寒

九千三百足

一		戊午之年宴飲鷹揚
二	圭	灾晦相侵流年不利
三		
四		父虎母龙
五		夫大一年婚姻前定
六		数有偏枯子当替目
七		名登黄甲
八		不幸双親俱欠寿自成自立苦伶仃
九	土	人道流年美梨花一枝春帶雨
叁草九化		美景良晨君莫負老來行樂享夫年

一　庚午之年宴飲膺揚

二　八旬欠一是歸期 臭未易數已先知

三

四　父虎母蛇

五　夫大二年先天注定

六

七　罣　衣食饒足家門興吉

八　罝　犹如秋夜雨一点一声愁

九　菈　日暴未乾何堪十日寒

奎鼻茈　六陰之象爭不能安

一 壬午之科宴食鷹揚

二 六 本是同林鳥雄者恨先飛

三

四 父病母馬

五

六 齊眉稱舉案戒目有鷄鳴

七 卉 飽食煖衣乞求之樂

八 祟 年逢十祟十堪誇風前之燭雨中花

九 九二 坐痂活水衿怀净卧坐没雲世慮滌

夲亖亖五三 名登黃甲

一　吾三　因木而釋壘松樹耐歲寒

二　六茌　遠岫出雲催宿霧微風細雨弄輕烟

三

四　父屬母羊易數先詳

五

六　毘　松樹清風堪說法竹林明月任談經

七

八　圭　事不期然風折梅花雨打梨

九　近貴日久亦可榮身

九壹高早茜四三　勤儉持家只恐惆悵

一 位尊五品得結一生之局

二 月孛当头可奈何兴男長女泪痕多

三

四 父属母猴

五

六

七 吾三 人爭得遇全春花秋月滿目前

八 芔 流年交一旬灾晦未相侵

九

奎臺茁 取用有餘閨中快樂

一 丟 名登黄甲

二 五二 欢娱正好愁夜短洗脱東風志未迂

三 芒 粧阁月明雲簇匕檻边花好雨濛匕

四 父虎母鸡

五

六

七 欲圖黄巻春風暖沥耐青灯夜雨寒

八 抬得金水之年死于水火之年方合此年

九 名字補入芹宫裡十里杏花墻跨馬

九奎真卒益 動有悔尤不動有益

一

二 卆 身安意穩動用不竭

三 芁 秋風声到宝鐃塵迩

四 父虎母犬

五

六

七 廿 好個春光遍恨妒風疾雨

八 圭 幼年不堪誇猶如雨中花

九 玄分嫡庶總叶能罷

奎皂 罡 露冷莛房粉痕欲墜

一 䒳 展開鳳閣消殘夢靜對閒花滿目中

二 吾 名登金榜

三 卜君陽生終于七力

四 父乕母猪

五

六 兄弟二人樂奏幾般音

七 琵 高枕北窗下慎勿妄動

八 𦥑 离卦中虛之象

九 已生一子妾生一兒

奎貢 䀚 阴雨連綿閨中愁熊

一 莫道春花好風雨又相催

二

三

四 父母仝房兎先天之救

五

六

七 罡 一樹梨花白玉開喪门炤命有憂来

八 仑 駕雀乘雲去飄犬竟不同

九 子結二枝正副同産

夆亘卒吞 福自降兮祿自臻襯时稱賞慶芳晨

一　乇　水漲魚夭怕柳桥雲鴻掩雨过江皐

二　芏　黄金埋土未得施为

三

四　父兎母鼠

五

六　桂子叢中初结实数中注之

七

八　官至都司不能高權

九　卒　青鳥不傳雲外信丁香空结雨中愁

九盍是　不務詩書千万卷只耒乆粟数株多

一 卅 乍雨乍晴春易老眉愁闷日偏長

二 操持未久鬓先班一点雄心尚未闲

三

四 父兎母牛一定之数

五

六

七 罒卆 其年丧门相炤当有哭泣之哀

八 十三 流年不宜晦灾不免

九 廿罒三 園圃春长在闺门吉慶多

奞覃 廿二 喜气盈门事事从容

一 妻生四子妾亦如之
二 月孛当头子女定有损耗
三 禅室根差福厚侍耒衣砵足荣身
四 父兎母虎
五
六 廿三 廬膳姓名香
七 遵勤儉以持家內助良人遊国学
八 廿四 人事无閑心意足梦魂不擾與偏長
九 父母全年而生享寿自不同
奇算 廿五 廿六 順遂韶光安閑获福

一 廿八 人滿平安家財旺海棠不与旧时同

二 廿九 休羡春光美風雨又相催

三 父兎母花先定其中

四 粗袈沒食消白晝而忝禪心

五

六 六十五 六阴之象爭不安寍

七 廿六 福祿隨天降財源逐日新

八 十三 细雨啣花不發沒雲迷日还沉

九 一百二十三 世上难逢百歲人君今百歲有二春

一 卌 秋風蕭颯閨閣凄然

二 艽 日正光輝月正圓眼前美景樂无边

三 六十五 已脫浮生念是非那裡来

四 父兎母蛇易数无差

五

六 衣食有餘禅门享福

七 一生閒循享不淂碌々營生独自辛

八 五二 犹如秋夜雨一点一声愁

九 玉楼烟鎖一春寒滿园桂子発秋香

卆罍阜

一 先 不但门庭多吉慶而且財福自天来

二 罡 一点福星当戶煸滿庭春色藹閨門

三

四 父兔母馬

五

六 秋風露滴苦花月孤雁湘江任去来

七 乙酉之年宴飲鷹揚

八 奎 借流螢之光若隱若現

九 亘 時人不識予心樂將謂偷閑学少年

夆臺 丗 时来風送滕王阁君家百事任施为

一 男卒 雲迷皎月無人賞雨打梨花結不成

二 子有三鳳奪錦標以揚名

三

四 父兔母羊

五

六

七 丁酉之科武揚得意

八 數注其人住居香花僧院

九 卒 搶攘未有寧內外俱焦心

奩貝 家業興隆喜子又昌

一 先 瑯瑯竹根平安日錦綉花開滿目中
二 兕 日正端陽吉祥之中又吉慶
三 六五 净地何須掃空門不用閉
四 父兔母猴
五 尽矣
六 已酉之年宴飲鹰揚
七 灾晦相侵流年不利
八 奆 心中多少憂愁事冷落凄凉只自知
九 卌 桃紅柳絲大称心怀
夲買卆芏

一 二 三 四 五 六 七 八 九 賁

四 六七

上苑春回花正發盈書靜新秋月正明

入從運持福自天来

未得妻力犹有愛妾相幫

父兔母鸡

李啞子得一而足

辛酉之科宴飲鷹揚

子多惹事一枝足矣

先迷後得利有攸往

盍可修德避难不可行險以求

一 廿九四 田園廣濶声名立家業興隆氣象新

二 五三 数注良人難共老一朝辭世别陰陽

三 妻宜硬對方得諧老

四 父兎母犬

五

六 有子雖多易數僅知其一

七 癸酉之年武場捷報

八 四一 滿眼春花好一天秋月明

九 茁 澤上有水困厄之象

十 缶覔二百三 一百零三春安然往西行

一　卄三冋　房考之年
二　三子送老
三
四　父兎母猪
五　作事常存忠孝道事親一不失孩兒心
六　兄弟四人原非一毋所生
七
八　卄三冋　运行光明地时当見机而为
九　卄七六　不中不片其道蕩匕
九壬五亘足

一 哭 夜深明月更添愁
二 天涯海角任飄蓬数注驛馬在命中
三
四 父母俱属龙数定在其中
五
六
七 吾 天哭催人难免孝服
八 哭 和风丽日时财与喜气多
九 亳 寿域弘開福常厚享
十 罕 日暖桃花放堤融燕子哉

一　玉楼烟鎖三春冷桂子秋生八月香

二　乙丑之年名登黄甲

三

四　父耄母鼠

五

六　理数莫来原有定七十有三是归程

七　其形如石其姓如朱凝不動

八　尭　双匕燕侶两分飛自恨良人不齊眉

九　二旬之外得子结实

奆薑興　月暌東園花錠錦雨晴北岸柳搖金

一 田園廣濶声名垂喜氣崢嶸子又昌

二 丁丑之年名登黄甲

三

四 父老母牛

五

六 罣 花木添时香自满塵缘空处性常明

七 四田 名登金榜

八 卒 柳發何愁堤岸峭桃開正喜日融融

九 五二 雨後江山争秀麗風前花柳正繁華

九壹三

一　已丑之年名登黄甲
二
三
四　父龍母乕先天注定
五　發財創業與家富湖海經營有路通
六
七　數有偏枯長子瞽目
八　卆　桃紅柳綠三春景日暖風和二月天
九　丯　名登金榜天賜隹兒
壽區五五六五　輕之半步難動垂之千里易行

一　以秀才而持監數由前定
二　辛丑之年名登黃甲
三
四　父虎母兔
五
六
七　五七　亘人先去世独自守黃昏
八　卅二　主持閨门風光好内外心间樂意多
九　六二　喜氣入增彩財源日日昌
九五五　人生七十古來稀更添四載是歸期

一 罕 暗天雷鳴無風浪生

二 癸丑之年進士必得

三 一磹一砵到處生涯

四 父龍母蛇

五

六 全凴神力成終始自有麟兒結室家

七 盟 名登黃甲

八 相夫子以富貴歷甘苦以辛勤

九 花 得意須防失意無心務要留心

九千壹百六

一

二

三

四

五

六

七 六六 天降財源盛人謀家道昌

八 六三四 春光多富貴皎月正光輝

九 六六 柳絮隨風舞桃花逐水流

十 九百四十 廿 易消易長溝中水时捲时舒天上雲

君知先天数有子不如徒

命实不由人次子瞽目

卜坤阳数許以古稀

父尨母馬

一 𦬣 旧恨所苦慼在眉头

二 命早迍而遇境生平衣祿貴人家

三

四 父龟母羊

五 兲 幽室雪侵菩提掾沒

六 罷 汲如亭棠使游多福

七 翬 不用謀衣食飽煖足多求

八 烹之硬砍之空世上奇人

九 寿元花用之外前生注定

九千壹百八六六五 知君老至精神旺还言晚景子又昌

一 三十 嫩竹成林指日暢茂
二 三子不成人前生注定
三
四 父危母猴先天定數
五 八十七 喪門炤命師當归西
六
七 八十七 鄉科及弟又兆能麗
八 莫道秋容冷淡自然晚景光輝
九 卅卅 日暖桃花放堤南遊子丑
卆五頁九十三四 事匕称人怀少年行樂

一　十三　无灾无难流年之庆
二　原有三分性须作三分行
三
四　父危母鸡先天定数
五
六
七　有禄有财过晚景无忧无虑乐升平
八　十二　灾晦不生平安之福
九　寿元花甲外一生得安矣
年首是卤　幸少灾殃李目如新喜气临

一 [illegible] 少年意得之時

二 [illegible] 諸事徘徊人在沵闈芙蓉開

三 甲辰之年勅賜進士

四 父龍毋犬

五

六 有子虽多易救僅知其亡一

七 [illegible] 緩轡徐行自駕程月沉東海日東昇

八 喜逢身外地運年子當卦

九 [illegible] 楊柳維新萬象舒泰

十 [illegible] 春田花再発雨後草長生

一 茈 上苑奇花星富貴庭前翠竹発新枝

二 中饋有主蘋蘩可托

三 丙辰之年得中進士

四 癸龍毋猪

五 卜君之寿未滿五旬

六 本年尅妻金年再娶方合此卦

七 好花栽滿園綠竹影長亭

八 亩 時来堪富貴安享福盈匕

九 戰 来門相照師不能延

癸亭蠢 閨中福祿無常只淋惱

一

二 去 萬里春光先佈暖一天秋月揚輝

三 戊辰之年進士必得

四 父母全屬蛇先天數不差

五

六 土年尅妻土年再娶方合此刻

七 火年妻故方合

八 双目不明前生注定

九 傘 風和日暖梅花吐水潤堤融燕子飛

全鼎 堯 歲寒之時松栢獨秀

一　十六　幼年造化奇一天星斗正光輝
二　虽然富足子孫難招
三　庚辰之年進士必得
四　父蛇母鼠先天所注
五
六　哭　科甲及第
七　𡔷　綢繆不少快意無多
八
九
卆韋圭　夜月彩花影春風根好音

一　六　桃紅柳綠大称心怀
二
三　壬辰之年進士及第
四　父蛇毋牛先天注定
五　仝　欲想八十二誰知欠一春
六
七　数注偏枯父当聾目
八　苂　一朶名花果出竒不因風雨两相催
九　共　眉頭不掛别煩惱郎悶心悶竟安舒
奎辜　仹　風裡落花誰是主丁香空結雨中愁

一	亢	不勞于事自合其宜
二	壽	門外流鶯啼落花蘭房寂寞
三		乙未之年進士及第
四		父蛇母虎先天定數
五		
六	罡	老師得道日何怕雪衣侵
七		一子送老先天注定
八	芘	安享福自然珅人內助總無韋
九	荙	風捲灯花暗搖匕風雨影縱橫

全卓

一 九 嫩蕋初吐秀好運又及時

二 此卦招妻水上生金木之年寿元終方合

三 丁未之年進士及第

四 父蛇母兎先天所注

五

六 命照武曲招夫壯士作夫人

七 二子送終先天注定

八 壼 花落萬事愁家計事匕憂

九 莁 顛沛流离窮愁自苦

奎章 犹 莫信時運好須防有灾侵

一　千　好景君須記橘黃橘綠時

二　丗　房考之年

三　己未之年進士必得

四　父蛇母龍

五　廿五　双喜臨門妻妾生子

六　十六　一心閒処心如水萬法成空

七　三子送老先天注定

八　廿三　乾坤有道門庭旺福祿無虧造化亨

九　廿　洛阳花発春光艷玉井蓮開夏景濃

坴亰卆

一 卅卄 天赐其庥福祉直臻乎綉户
二 卌卄 運来何必劳心力人旺财盈事業增
三 辛未之年進士必得
四 父蛇母馬
五
六
七 四子送终先天注定
八 卄六五 室中欢笑事事呈祥
九 卄六五 日烘春色侵衣艷風送花来扑鼻香
癸覓 卄二 门庭多吉慶人事倍精神

一 亥年 南極祥光照我身此年幸得吉星臨

二 執事可以稱心交友可以稱信

三 癸未之年進士必得

四 父蛇母羊

五 卄六七 双喜臨门妻妾生子

六 了矣

七 五子送終先天注定

八 卌七八 左在山中身心向貴人

九 卌五六 旺夫益子精神湛玉壺

年七是

一　　夫妻仝暮景蘭桂喜芳菲

二　丗　欽命典試

三　　甲戌之年進士必得

四　　父蛇母猴

五

六

七　　六子送終先天注定

八　巴　進士及第

九　五六五　滿门諸事喜閨中福自來

九乇卓罟卒　逕際其亨閨中吉慶

申集

一 六五二 眉尖開揚爭得施張閏甲吉祥
二 八七七 利牝馬之貞享安去之福
三 丙戌之年進士必得
四 父蛇母鷄數定之不差
五 五七七 吉慶雙臨妻妾全生子
六
七 數有七子得以送老
八 五四三 福自天申人財旺事遂謀為子又昌
九 六七二 攸去無爭納福祥幾朵梅花朴鼻香
卆亓 五四三 芦花紅綠晚花秋催得芙蓉點鬢周

一 六八七 灾晦不侵平安之福

二 六六五 深院鎖黃昏陣陣芭蕉雨

三 戊戌之年進士必得

四 父蛇母犬先天定数

五

六 有子只多易数僅知其三

七 八子送老先天定数

八 六卄 花沾春色園林茂月佈秋天綉幞光

九 六七十 阳春万象藹太新閨中清春

九七鼎罕 流年吉又祥淑贤内助得安康

一 卅六五 梅花含卻杏花新一日白來一月紅

二 廿三四 綠竹林中花出色白蓮上蕊生香

三 庚戌之年進士必得

四 父虎母豬先天之數

五

六 華 寂寞樓台夜氣寒朦朧月色度欄杆

七 九子送老先天之數

八 五七八 庭前細雨卻淡去雨後清風爽氣生

九 五卆 好將事事侍兒輩樂我餘年只素心

卆七百四

一 卌三 洛阳花発春光艷玉井蓮開更景濃

二 二六 夫君难共老先我数春秋

三 壬戌之年進士必得

四 父母全局馬先天数不差

五

六 卌三 朝夕勤劳支持度日

七 十兒送老先天定之数

八 八七 灾晦相侵闺中欠顺

九 八七 画水名声空有浪绣花兒美不聞香

奆壹 八七 清風拂〻雨沉〻紅渐消踈絲未明

一　五六　綈戶沵缶譜葉上數声雨
二　利名終有望雷門緣点头
三　五三　名登金榜
四　父馬母鼠先天之數
五
六　八七　时限運阻人物不安寧
七　八七　往匕皆如意春光処匕奇
八　分有嫡毋我生是庶
九　六三　池上春归何処滿日殘花絮逐人去
卆七百八　水火性情發則焚灤燎原靜則淵澄平坎

一　妻大一年姻緣前定

二

三　欲赴瑤池會無奈色心何

四　父馬母牛

五 廿七　蝴蝶叢沵夢雲顛倒

六

七　妻命甲子生姻緣注定

八　數載餓鬼道不能入禪林

九 十六　父亡生子一憂一喜

仐壹卆廿　一胎生二子定在此年

一　妻大二年姻緣前定
二
三
四　父馬母牛
五
六　罷　猿馬忘机日滿簾
七　妻命丙子生姻緣所定
八
九　壱　父亡生子一憂一喜
老頁卆芸　一胎生二子見于此年

一 妻大三年姻緣前定

二

三

四 父馬母蛇先天所定

五

六

七 妻命戊子生先天所定

八 奄 鴛雀乘雲去飄然竟不回

九 夫 父亡生子憂喜仝至

奎賣仐荳 一胎生二子定見此年

一 同本双蓮出奇開兩朶花
二
三
四 父馬母龍数定其中
五 [illegible] 了性無他意常対一炉香
六 [illegible] 解印萊归以享生平之福
七 妻命庚子生前緣注定
八 人生过花甲加二見閻君
九 丸 父亡生子憂喜全至
癸息 茁 一胎生三子定于此年

一　兄弟二人如皷瑟琴和樂有助

二

三

四　父馬毋蛇易数不差

五　廿六　对鏡难粧珠翡翠愁容終日鎖双眉

六　八卦減三爻花甲加一见閻君

七　妻命王子生姻缘注定

八　向子息六旬之外得之方实

九　卅　父亡生子憂喜全见

十　廿五　一胎生二子见于此年

一　　果然春去花無色静对榈杆更暗然
二　丰　欽命典試
三　圭　鴛毋羊易數先詳
四　　流年晦滞閨中凄楚之
五　丗　雋履岩酉是此时
六　五五六　妻命乙丑生烟緣注定之
七　　玉人有刑再嫁甲子
八　　父亡生子一憂一喜
九　廿　一胎生二子見于此年
今算　卄六

一
二 可惜揮金如糞土樂山樂水誤功名
三
四 公篤毋猴先天注之
五
六 五五六五 寸心常伴白雲間
七 妻命丁丑生先天注定
八 玉人有刑再娶丙子
九 苎 父亡生子一要一喜
十 癸會卅芒 一胎生二子見于此年

一 二 三 四 五 六 七 八 九 芸 夰畐廾

雁门品字方成陣二鳳標名方国中

菩提已種前生福樂滑優游靜室中

父篤毋殤

妻命已丑生姻緣注定

玉人有刑再娶戊子

父亡生子要富貴全至

一胎生二子见于此年

一 卄七八 倚杖听鳴泉冥經翻貝葉

二

三 公篤毋大先天定之数

四

五

六 有子豈多易数僅知其四

七 妻命辛丑生前緣注定之

八 玉人有刑再癸庚子

九 苗 父亡生子一喪一喜

夲壹 艽 一胎生二子定于此年

一　四三　師侍当归西
二　五卒　当庭明色焰空门
三
四　　　　父馬毋猪先天注定
五
六
七　　　　妻命癸丑生姻缘前定
八　　　　玉人有刑再娶生子
九　廿五　父亡生子一憂一喜
卆貪卅　一胎生二子定于此年

一　飲酒食內名曰香花
二　父母全局羊數內先詳
三
四
五
六
七　妻命甲寅生烟緣注定
八　五八有刑再娶乙丑
九　丗　父亡生子一憂一喜
奎竜　丗　一胎生二子定于此年

一
二
三 兄弟二人数中预注
四 父羊毋鼠先天定数
五 丟卒 菩提凋謝天地老万事皆空
六
七 妻命丙寅生姻缘前定
八 玉人有刑再娶丁丑
九 廿七 父亡生子壹疊全至
卆貟廿二 一胎生二子定于此年

一 兄弟三人数中预注
二
三
四 父羊母牛易数先知
五
六
七 妻命戊宗生先天注定
八 王人有刑再娶己丑
九廿八 父亡生子一娶一喜
卆覓丗三 一胎生二子定在此年

一

二

三 兄弟四人数中预定

四 父羊母虎易数前定

五

六 六十 起身物外享樂無边

七 妻命庚寅生数由前定

八 五人有刑再娶辛丑

九 九十 父亡生子喪喜同至

尭昰茁 一胎生二子见于此年

一

二

三 兄弟五人数中注定

四 父羊母兎易数先知

五

六

七 妻命王宊生姻缘注定

八 王人有刑再娶癸丑

九 卅 父亡生子一憂一喜

奔亘 廿五 一胎生二子见于此年

一
二　四五六　来门相炤正当雪衣
三　兄弟六人数中注定
四　父羊母龙数注其中
五
六　六四　老年丧母亦是悲傷
七　妻命乙卯生烟缘注定
八　五人有刑再癸甲宾
九　廿一　父亡生子憂喜全至
九千百廿六　一胎生二子定在此年

一

二

三 兄弟七人一定之数

四 父羊母蛇数定之無差

五 克勤克儉能内助

六

七 妻命丁卯生姻缘前定

八 玉人有刑再婚丙寅

九廿 父亡生子一憂一喜

癸卌世 一胎生二子定在此年

一

二

三 兄弟八人数中載定

四 父羊母馬易数無差

五

六 天上玉書名地下失英雄

七 妻命已卯生姻緣注定

八 王人有刑再娶戊宾

九 卅三 父亡生子一憂一喜

卆畐卅八 一胎生二子定在斯年

一

二 兕 来门相炤要及于師

三 兄弟九人强弱不一

四 父羊母猴易数不差

五

六

七 妻命辛卯生前嫁注定之

八 玉人有刑再娶庚宾

九 茁 父亡生子要喜同至

奆亖 艽 一胎生二子定之于此年

一

二

三　兄弟十人数定其中

四　父羊母鸡先天注定

五　五六五　明月清風松间潇洒

六

七　妻命癸卯壬数中所注

八　五人有刑再娶壬寅

九　廿土　父亡生子一憂一喜

九千六百四十　一胎生二见于此年

三　兄弟十一人樂奏九般音

四　父羊母大先天所注

七　妻命甲辰生先天注定之

八　五人有刑再娶乙卯

九　共　父亡生子一爱一喜

九千二百七四　一胎生二子兄干此年

一　聘妻未識妻其妻已死

二

三　兄弟十二人樂奏允般音

四　父羊母猪先天定数

五

六　命途多蹇入纏累家業消磨不可當

七　妻命丙辰生姻缘注定

八　五人有刑再娶丁卯

九　芒　父亡生子愛中有喜

卷首八四　一胎生二子定于此年

一二三四五六七八九

兄弟十三人天發其祥
父母全局候易数先祥
持家勤儉一生衣食无憂

妻命戊辰生姻缘定之数
玉人有刑再娶乙卯
父亡生子一憂一喜
一胎生二子定见于此

一　独目較𨑒人不識風雲際會自有为

二

三　兄弟十四八一门之盛

四　爻係母鼠先天注定之

五　丟卒　静坐有经消白晝閒来無事出红塵

六

七　妻命庚辰生先天定之数

八　玉人有刑再娶辛卯

九　艽　父亡生子愛喜全至

丏足罒　一胎生二子定见此年

一　幼年孝服垂乙至三載難酬怙恃恩
二
三　數止
四　父猴母牛易數注定
五
六　戢至敎官先天注定
七　妻命壬辰生烟缘注定之
八　玉人有刑再嫁癸卯
九　甲　父亡生子一憂一喜
丙○午四五　一胎生二子定之在此年

一　罒示　孝服重〻父母双亡
二
三　止矣
四　父猴母虎易數先知
五
六　揚名副魁末入正榜
七　妻命乙巳生天所定也
八　五八有刑再娶甲辰
九　罒　父亡生子一憂一喜
万○千罒六　一胎生三子定之見此年

一 吾示 少年垂孝臨父母全归土

二 廿 淩空忘世味優遊出紅塵

三 六五 子死妻亡二度刑傷

四 父猴母兎數中預注

五

六 副車于佩垂龍虎榜中人

七 妻命丁己生天所定之也

八 玉人有刑再娶丙辰

九 罒 父亡生子一娶一喜

方〇三千巴 一胎生二子定于此年

一　桒　六崇双親亡少年大不幸
二
三　乇　妻亡子死二度刑傷
父猴母龍易數注定
四
五
六
妻命巳已生烟緣前定
七
玊人有刑再娶戊辰
八
九　罡　要喜全臨父亡生子
万甲呎　一胎生二子見于此年

一 桒 父母双亡幼年垂孝

二

三 㚔 命犯白虎子死妻亡

四 父猴母蛇易数无差

五

六 㚔 其年恐損子

七 妻命辛己生烟緣前定

八 玉人有刑再娶庚辰

九 畾 生子一喜父死見要

万〇五十兒 一胎生二子定在此年

一 [?] 父母双亡一年三孝

二

三 芏 子死妻亡二度刑傷

四 父猴母馬易數無差

五

六 [?] 風雨無凴菩提甦舜

七 妻命癸已生數定之前緣

八 壬人有刑再娶壬辰

九 罡 父亡生子一要一双

方○六卒華 双喜偏门一胎二子

一　九祟　幼年兩刑傷父每一年亡
二
三　茁　子死妻亡
四　父猴母羊易數先詳
五　副魁場名未列正榜
六
七　妻命甲午生烟緣注定
八　玉人有刑再娶乙巳
九　哭　悲中有喜父忘生子
万　乍五　一胎生二子見于此年

一　壴　父母双亡二度刑傷

二

三　菇　子死妻亡大不幸也

四　父猴母鷄易数注定

五

六　蕌　空门空阻碍清晨一注香

七　妻命丙午生赤绳定之矣

八　再娶丁己之妻方得谐老

九　父亡生子一耍一喜

亐〇仐亖　红鸾相炤一胎二男

一　土　双親全亡一年二孝
二
三　花　子死妻亡二度刑傷
四　父猴母犬易救先知
五
六　兄弟四人如鼓瑟琴和樂有助
七　妻命戊午生烟緣注定
八　再娶己巳之妻
九　四八　父亡生子一憂一喜
万○卆五　一胎生二子定于此年

一　士　双親全亡一年二孝

二

三　卄卄　傷哉妻亡痛哉子死

　　　　　父猴母猪易數先知

四

五

六

七　　　妻命庚午生数定前縁

八　　　再娶丁已方淂諧老

九　罒九　京哉母亡喜也生子

万〻是五盃　天喜臨门一胎二子

一 十三 埀孝帷门父母双亡

二

三 卅二 妻宛子亡二度刑傷

四 父母全房鴞數中預涅

五

六

七 妻命壬午生姻緣注之

八 再娶癸巳之妻方得齊眉

九 五十 哀哉父亡喜也生子

万〇一百十五五 门帷双喜一胎二子

一 声 双親全亡一年二孝

二

三 卌 鼓盆歌未了哭子又喪明

四 父鴪母鼠數中注定之

五 兄弟五人如鼓瑟琴和樂且耽

六

七 妻命乙未生天所定之也

八 再癸甲午之妻方免其刑

九 五一 父亡生子一要一喜

吞亘亖六 天喜临门一胎生二子

一 去 重孝临门父母双亡
二
三 芸 鼓盆哥未了哭子又丧明
四 父房鸡母房牛
五
六 金火之年進產土木之年損耗方合此刻
七 妻命丁巳生姻缘注定
八 王人有刑再娶丙午
九 五三 悲中有喜父亡生子
十 百三五七 双喜临门一胎生二子

一 十六 父亡母死全在一年

二

三 廿七六 子死妻亡二度刑傷
父属鳮母属虎一定之数

四

五

六

七 妻命己未生烟缘注定

八 玉人有刑再娶戊午

九 五三 悲喜同至父亡生子

万。亘壘五八 一胎二子定于此年

一　廿七　一年丟孝父母双亡
二
三　廿九萃　哭子痛未了又嗄鼓盆哥
四　　父殤母兎一定之数
五
六
七　　妻命生于辛未
八　　玉人有刑再娶庚午
九　五十四　父亡生子一憂一喜
十　一百二十五十九　一胎生二子定于此年

一　十六　父母全亡在于一年

二

三　四　子死妻亡兩度悲傷

四　父屬鷄母屬龍數定其中

五

六　蔭父祖而浮州同數由前定

七　妻命癸未生姻緣注定

八　玉人有刑再娶壬午

九　五五　父亡生子一憂一喜

丟亨辛卆　其年双喜一胎二子

一　光　双親全亡重孝臨門

二

三　罷　子死妻亡两度悲傷

四　父鴆母蛇易數先知

五

六　金水之年初在知州方合此卦

七　妻命甲午生姻緣注定

八　玉人有刑再娶乙未

九　兗　悲喜全臨父亡生子

薹皐　萌父祖而日貢數由前定

鐵板神數

一　二千　父母双亡一年二孝
二
三　四千三　喪明哀未了又嘆鼓盆歌
四　父鴆毋馬易數無差
五
六　木火之年初任知縣方合此刻
七　妻命丙申生方合此刻
八　玉人有刑再娶丁未
九　五千二　父亡生子一悲一喜
萬亘頁十

一　廿廿　双親仝亡一年二孝

二

三　罷　子死妻亡兩度刑傷

四　　父鴉毋羊一定之数

五

六　　以財而選左堂数由前定

七　　妻命戊申生姻緣注定

八　　玉入有刑再娶巳未

九　吾六　悲哉父亡喜也生子

萬壹戛十　卌九 四十　東風入律南極光輝

一　　双孝臨門父母俱亡

二　廿　妻死子亡二度刑傷

三　四九五十　父鴉母猴數定先天

四

五　　以武学而選左堂水火之年出任方合

六　　妻命庚申生姻緣注定

七　　再娶辛未之妻方能諧老

八　　哀哉父亡喜也生子

九　兲

蕩壹是

一　廿　孝服重々至一年喪双親

二

三　百般皆可做　劝君莫作屠

四　父鴉母犬易數先知

五

六　金木之年　以財而選　左堂方合此刻

七　妻命王申　生姻緣前定

八　王人有刑　再娶癸未

九　卆　父亡生子　憂喜仝至

萬三千卌五　律管寬裕　不用憂　釣得金鱗已上鈎

一　曲　父母全年喪二孝臨門

二

三　販賣度日過年華公平升斗便與家

四　父鴉母猪先天定數

五　初年未分荆與璞中年国学可荣身

六　木火之年以監而選知州方合此刻

七　妻命巳酉生數定前緣

八　王人有刑再娶甲申

九　共　喜也生子誰知毋亡

萬壹亭

一 廿五 父母双亡全在一年

二

三 販賣千山樹旁学朱買臣

四 父母全屬犬先天定数

五 朝廷敬老尊賓高掌献酒歌詩

六 木火之年以監而就司職方合此刻

七 妻命丁酉生姻緣定矣

八 玉人有刑再娶丙申

九 十七 母亡生子一憂一喜

萬章 心性多悟位称僧綱

一 卅 父母全年亡人子兩不幸

二

三 至 妻死子又亡二度實悲傷

四 父犬母豬先天定數

五 食祿登廊庙人品列金堦

六 父故于金水之年母死于木火之年方合此刻

七 妻命巳酉生姻緣前定

八 玉人有刑再娶戊申

九 十六 母亡生子憂中有喜

萬〇三章

一　宅　哀匕父母全年喪罔極次恩未報時

二

三　一路平途騎駿馬清寧四海建勳名

四　父犬母牛易數先知

五　志謀終遠大富貴壓蓬蒿

六　金水之年中付榜金木之年出仕方合

七　妻命辛酉生數定前緣

八　王人有刑再娶庚申

九　丸　母亡生子一憂一喜

壽三享　桔据不須憂守心務田疇

一 父母全年亡一年二孝

二 運至科甲文星拱廉慎風生錦繡中

三 父犬母虎先天預注

四 命犯白虎子死妻亡

五 本年中副榜方合此刻

六 妻命癸酉生赤繩定矣

七 主人有刑再娶壬申

八 母亡生子憂喜全至

九

萬二章本

一 艽 二孝臨門父母双亡

二

三 白虎照命子死妻亡

四 父犬母兎先天注定

五 許君遊泮春風暖丹桂还須自厚培

六 金水之年武科中条方合此刻

七 妻命甲戌生姻緣定矣

八 玉人有刑再娶乙酉

九 廿 毋亡生子一憂一喜

萬章卄三 鴉鳴與鵲噪吉裡藏凶未有情

一 辛 二孝臨明父母双亡

二

三 貴並劉宦富石崇富貴能有幾人同

四 父犬母龍先天定数

五 命犯白虎子死妻亡

六 數定妻大可免其刑

七 妻命丙戌生姻緣定数

八 玉人有刑再娶丁酉

九 廿 母亡生子一憂一喜

萬亘早犹 子死妻亡二度刑傷

一 卅 父母全年喪人子孝服重

二 函乘屋播百谷戲腹羲皇之世

三 父犬母虵先天定数

四 往来俱是提壺客醉倒一村沽酒人

五 水火之年武科中峯方合此刻

六 妻命戊戌生姻緣注定

七 玉人有刑再娶巳酉

八

九 廿 母亡生子一憂一喜

一萬二百九十 鸞膠絃断絃月缺復还圓

一 廿一 一年二孝父母双亡

二 欲得河中金巨鼇还須奮畢志結網罟

三 父犬母馬先天注定

四 財源好似春江水滚滚流來日夜長

五 金木之年中夲方合

六 妻命庚戌生姻緣前定

七 王人有刑再娶辛酉

八 母亡生子一憂一喜

九 命犯白虎子死妻亡

萬言覽

一 芸 父母全亡定于此年

二

三 湖海經營大發財源係創業時

四 父大母羊易數先詳

五 橘井泉香丹現色杏花春暖玉生輝

六 士年人泮水年中奎方合此

七 妻命壬戌姻緣注定

八 玉人有刑再娶癸酉

九 芸 母亡生子一憂一喜

萬三草葩 心和事又和出門喜氣多

一卌　重孝臨門父母俱亡

二

三　濟世有恒心橘泉丹現色

四　父犬母猴先天定矣

五　從來好酒醉人遲運至中有發輝

六

七　妻命乙亥生姻緣前定

八　玉人有刑再娶甲戌

九　母亡生子一憂一喜

萬壹千　子死妻又亡兩度刑傷

一 卋 双孝臨門父母全亡

二

三 筆揮玉管洞徹氷壺

四 父犬母鷄先天預定

五 幼年月向雲中隐晚運花中錦上添

六

七 妻命丁亥生姻緣注定

八 再娶丙戌之妻方免其刑

九 芏 母亡生子一憂一喜

一萬〇二百卌圭 子死妻亡兩度刑傷

一　共　孝服重々父母双亡

二

三　[illegible]　子死妻亡兩度悲傷

四　　父犬母猪天所定也

五　　人生有救劳々碌々之中只自知

六

七　　妻命乙亥生姻緣定矣

八　　再娶戊戌之妻方免其刑

九　共　哀哉母亡喜也生子

萬壹百卆

一 双親辞世日総是一年仝
二 筆絵千般景緻描来万里江山
三 父母仝属猪先天注定
四 東成西就般々遂生意謀為事々亨
五 金水之年樂舞生方合此刻
六 妻命辛亥生姻緣注定
七 玉人有刑再娶庚戌
八 毋死生子一憂一喜
九 遇得東風即掛帆順風右便往回还

一 双親全亡一年二孝

二 金鐘出冶方成器運至中年定起家

三 父猪母鼠先天預注

四 幸有一藝榮身終身衣祿無憂

五 水火之年以貢而選知縣方合此刻

六 妻命癸亥生姻緣注定

七 玉人有刑再娶壬戌

八 哀哉母亡喜也生子

九 二千 命犯白虎子死妻亡

萬三百卆統

一 光 父母俱亡全在一年
二 圭 命犯白虎十死妻亡
三 夫命甲子生先天注定
四 父猪母牛先天預注
五 中年運至財源厚事遂謀為家道昌
六 金水之年以貢而選知縣方合此刻
七 虽在衙門中却是儒家子
八 主人有刑再娶丁亥
九 丗 母亡生子一憂一喜

萬三章

一　卯　父母全年喪人子大不幸

二　芒　夢斷北堂終夜泣梨花千古恨難消

三　夫命丙子生天所定也

四　父豬母虎先天定數

五　深得麻衣秘術遠宗風鑑真傳

六　土年本年以監而選知州方合此刻

七　奚　其樂且康順境相忘

八　玉人有刑再娶丁亥

九　芒　母亡生子一憂一喜

鬲三頁十

一 四十 孝服重臨父母双亡
二 親近貴人大饒利益
三 夫命戊子生姻緣注定
四 父猪母兎先天注定
五 一生享用多豐足財帛榮華家道昌
六 火金之年以貢而選教諭方合此刻
七 十六 夫當入泮
八 妻有刑再娶巳亥
九 廿三 母亡生子一憂一喜
萬三百五十

一 罡 父母双亡孝服重々

二 骨肉緣慳初不衣師徒分上最相宜

三 夫命庚子生姻緣定数

四 父猪母龍娟天注定

五 木火之年以貢而選知縣方合此刻

六 萌父祖而日州同敘由前定

七 乇 夫当人泮

八 玉人有刑再娶辛亥

九 苘 哀哉母亡喜也生子

萬置是

一 罜 父母双亡全在一年

二 顛倒乾坤為道法細推日月屬明家

三 夫命王子生姻緣定数

四 父猪母蛇易数先知

五 為人丰姿富麗明敏無双

六 木火之年初任左堂之戝方合此刻

七 六 夫当八泮

八 玉人有刑再娶癸亥

九 芏 母亡生子一憂一喜

萬罩 時來興撥如川至運到財源似水流

一 嚚 父母全年喪一年兩孝重

二 為人性通明敏氣度昂々

三 夫命乙丑生姻緣定数

四 父猪母馬先天定数

五 当学名師攻書切莫毀瓦西鏝

六 土木之年初任千総之戢方合此刻

七 丸 夫当八泮

八 女貌生来性質聰其中貪德且從容

九 共 母亡生子

萬亭

一 罣 一年父母双亡人子大不幸

二 廿 数該生子

三 夫命丁丑生姻緣前定

四 父猪母羊易數先詳

五 錢匣生光彩倉庫且盈豐

六 𠚤 灰親入千天曺

七 亍 夫当人泮

八 弄 只宜閉戸藏春色未許開門納晚凉

九 芒 母亡生子

一萬𦉪 木火之年以監而選知州方合此刻

一 四六 父母俱亡双孝臨門

二

三 夫命巳丑生姻緣注定

四 父猪母猴先天定數

五 綉房金屋一蟬娟白璧無瑕賽月圓

六

七 廿 夫坐八洋

八 五四九 憂疑頻釋坐臥行止俱遂意

九 廿八 母亡生子一憂一喜

萬四章

一 罷 父母全亡定在一年

二

三 夫命辛丑生姻緣注定

四 父猪母鷄先天定数

五 荣膺冠帔從夫貴志切氷霜教子貧

六 財產滔滔癸福厚勝為官

七 廿 夫当入泮

八 文辛独步誇玉燦宫貴双全北石崇

九 艽 母亡生子

萬舉 虽是一枝手藝亦得豐衣足食

一 巺 父母全年丧人子两不幸

二 遊吳歷楚発福興家

三 夫命癸丑生姻緣前定

四 父猪母犬数定先天

五 術継椰庄神傳風鑑

六 財如春水源ㄥ進福似朝花朶ㄥ新

七 𠀍 夫当人泮

八 原来本是閨中秀頼得荣封下九天

九 甲 母亡生子一憂一喜

萬疊卒

一 兕 二孝臨門父母双亡

二 手藝孝成日工精可創家

三 夫命甲寅生姻緣注定

四 為人手姿氣中和性質聰明格玲瓏

五 逢犬功名遂逢牛志氣高

六 胸中星斗才情逸志在雲霄性格奇

七 茁 夫当人泮

八 青鱗不是池中物性格由來席上珍

九 罡 母亡生子一憂一喜

蔫韋 木火之年初任知縣方合此則

一 芈 父母全年喪二孝臨門

二 木火之年初任把總方合此刻

三 夫命丙寅生數定前緣

四 運至丹書傳鳳閣宣傳天語守尊成

五 魚跳龍門高萬且將刀筆学蕭曹

六 名登辟雍觀光上国

七 甚 夫当入泮

八 招得金水之徒方合此刻

九 罡 母亡生子定在此年

萬覃

一至　双親全辞世八子両悲傷

二　青灯能肄業国学正標名

三　夫命戊寅生数定前縁

四　德為一鄉之表朝廷冠帶非輕

五　文武丹成幸叨朝廷一命

六　身居辟雍地白璧琮璜

七共　夫八泮池

八莊　韶光明媚禪室從容

九罡　母亡生子

萬羣　水土之年初授知州方合此刻

酉辰

萬五百是

一 垂 双親全年亡二孝臨門

二 活計在江边穩坐釣魚船

三 夫命庚寅生數定前緣

四 覩鏡時粧珠翡翠醉筵時著紫羅衣

五 讀書數登黃甲終作皇家一棟樑

六 數呂不入湾池魚鼈不可勝食也

七 芒 夫入泮宮

八 金木之年初任司職方合此刻

九 罡 母亡生子

一 三五 二孝臨門父母双亡

二 三九 子遊泮水

三 夫命壬寅生姻緣定数

四 吏部尚書考勳戢

五 牡丹原是百花王開向人間分外香

六 釀成春夏秋冬酒醉倒東西南北人

七 三六 夫当八泮

八

九 四四 悲哉母亡喜也生子

萬章 礼部尚書教由前定

一 嚞 椿萱凋謝一年全怙恃恩總是空

二 亍 子遊泮池

三 夫命乙卯生姻緣定數

四 金木之年失方合此刻

五

六 翡翠竹搖枝裊那水晶簾捲月嬋娟

七 艽 夫当入泮

八 李靖忠而贊化成百載之規模

九 耎 母亡生子悲中見喜

一萬章

一 垩 双親俱有寿何竟一年亡

二 卅 子当八泮

三 夫命丁卯生姻緣定数

四 虎守杏林春滿龍蟠橘井泉香

五 鳳折兒傷多寂寞早憑神力保無虞

六 播厥百谷樂以忘憂

七 辛 夫当人泮

八 卅 重舟灘頭疊稚移匕過灘頭看好溪

九 罒 母亡生子悲中有喜

百 罡 時来堪湊巧門第有光輝

一　巽　双親俱有寿不幸全年亡

二　卅　子榛芹香

三　　　夫命已卯生

四　　　虽有埋蛇救蚁之德乃有洛人利物之心

五　莽　命照武曲弓馬八泮

六　　　玉骨氷肌瑕玷絶信如天上一嬋娟

七　卅　夫当八泮

八　莽　運筹帷幄之中折衝千里之外

九　哭　可哀者母亡可喜者生子

丙辛章　木火之初任司职方合此刻

一 至 椿萱俱有寿全年而亡

二 芏 子当八泮

三 夫命辛卯生姻緣注定

四 奎 且享平安福莫管門外憂

五 水火之年以財而捐正堂方合此刻

六 𦱊 生計勃然與東西南北任君行

七 丗 夫遊泮水

八 𦒐 閒着牧童横牛背静听農歌鬧暮声

九 兕 一悲一喜毋亡生子

亖 𧏾 天恩下及草木皆榮

一　兲　父母双亡全在一也

二　曲　子当八泮

三　夫命癸卯生數定前緣

四　姊妹並無方合此刻

五　藝学坭水沙石之苦难当

六　罘　多因風雨花零落欲渡清溪欠便船

七　丗　夫当八泮

八　共　謀事有巧定有光輝

九　苹　母亡生子定在此年

方書卷十

一　五九　父母全年喪双孝臨門

二　廿五　子当入泮

三　夫命甲辰生数定前緣

四　辟雍泮水綠柳桃花喜吐紅

五　大廈巍峩惟有頼飾以金羡

六　卅八　人事妥求安矣不用憂

七　卌　夫入泮池

八　復任学政

九　五三　母亡生子一憂一喜

万〇五百千　以舉人而授任学数由前定

一 卆 双孝临门父母俱亡

二 卅六 子当入泮

三 夫命丙辰生数定前缘

四 百载科場难得遂一沭鄉荐即膳身

五 创業発财终有望只争来早与来遲

六 七三 数当生子老来见喜

七 卌五 夫遊泮水

八 金水之年進文学方合此則

九 五三 哀哉母亡喜也生子

万〇五頁

一 六 甲子已週双孝恼灰慈連袂丧归阴

二 世 子当入泮

三 夫命戊辰生数定前缘

四 才術不亞陶朱志性质何如受仲先

五 国学標名黄金满屋

六 衙门多少不平事君须子细同官暄

七 共 夫当入泮

八 修真功果功養行成

九 五三 悲中見嘉母亡生子

万〇五五百五十三四 恩星拱炤官職高陞

一　奎　父母双亡全在一年

二　艽　子当入泮

三　夫命庚辰生烟缘注之

四　蓽　双喜临门科塲得意又兆罷能

五　兵　七十有餘哀子世上难逢

六　罡五　不遇而遇攸往皆利

七　芒　夫当入泮

八　莊五　恩星炤命官職高陞

九　磊　母亡生子一憂一喜

一 奎 椿萱俱有寿何竟一年亡

二 艽 子入泮池

三 夫命壬辰生姻緣定数

四 [illegible] 祥光擁護西堂麗瑞氣融和海屋新

五 惟有公門易聽錢呼奴飲酒樂無边

六 財源有分終須有家業興隆到處通

七 [illegible] 夫当入泮

八 [illegible] 錯趾招晦吝指日保初終

九 [illegible] 母亡生子一憂一喜

萬草 水土之年初任教官方合此刻

一 莔 双親辞世日仝在一年中
二 甲 子採芹香
三 夫命巳巳生数有前定
四 土年中夲木年会試方合此刻
五 莔 豖亲年高数入天曺
六 亝 逢灾無咎遇难生恩
七 芁 夫当入泮
八 𤱋 欽命典試
九 兵 悲中見喜母亡生子
亐穷

一 奎 双親年高何竟一年全喪
二 一妻一妻又一妻三妻鼠命得相宜
三 夫命丁巳生姻緣定数
四 克勤克儉從妇道三從四德两兼全
五 沐恩食祿居花縣戢位琴堂氣象新
六 斋 妻期死矣何用多延
七 罕 夫遊泮水
八 志堪武略勇冠三軍
九 耄 母亡生子一憂一喜
萬六鼎 身榮而登黃甲天祐吉人

一 卒　双親原有寿全在一年亡

二　三妻牛命方可諧老

三　夫妻全巳巳生姻縁定数

四　有子成人增門楣晚来享福樂無边

五　愁眠楊柳梢頭月雨湿桃花夢裡雲

六 罡　二喜臨門鄉科又叶羆熊

七 罜　夫当八泮

八 㐂　清風明月運至時行

九 兲　母亡生子

雷章　以財而曰縣丞教由前定

一 壬 父母年高何竟一年全死
二 三妻虎命生始得相宜
三 夫命辛巳生
四 最苦為人独立不堪羞見雁双栖
五 家業財源生瑞氣綺羅席上日融々
六 芃 淡々疑烟迷遠路斜風細雨折春花
七 里 夫遊泮水
八 㐪 一曲鴉啼逐送々久阳嬋噪劝君行
九 尭 母亡生子憂喜全至
万又章 蔭父而縣丞敘由前定

酉集

一 宍 双親原有寿全在一年亡

二 三妻兎命方可諧老

三 夫命癸巳生

四 吏部大堂数由前定

五 罡 急波灘流天上月狂風难打西中船

六 工部尚書志理国政

七 里 夫当入泮

八 水上伤官入命中得力之子命归明

九 卒 悲喜全臨母亡生子

万〇章卒

一 兗 古稀將滿喪双親世上難逢

二 三妻龍命方得相宜

三 夫命甲午生姻緣定數

四 名鎮三边威權英显

五 青灯自守三更永綠鬢孤照夜正長

六 招得金水之子配得土木之妻方合此刻

七 喦 作暗作明雲裡月半開半落雨中花

八 莽 夫当入泮

九 罜 子遊泮水

万 章 金水之年得子土木之年失子方合此刻

一 午 双親虽有寿全在一年亡

二 三妻蛇命始得諧老

三 夫命丙午生姻緣注定

四 都察院戥数由前定

五 自怨紅顏甘寂寞不施脂粉污堅貞

六 走遍江山千萬里徒劳心事想西東

七 罣 夫当入泮

八 罡 犹如天和照日新阳回宇宙尽沾恩

九 罜 子採芹香

丙子宫卒兵 其妻亡矣

一　金土年八泮水土年出貢方合此刻
二　三妻馬命始得相宜
三　夫命戊午生姻緣定数
四　鳳析兒伤愁寂寞惱人無語夜偏長
五　成名得遂魚龍変富貴还同爵孫華
六　一生行藏多不利惱人情緒長偏長
七　巽　夫当入泮
八　不是松筠月莭操多因月老度姻緣
九　罡　子孫芹香
萬章　是年恩榮翰林内耽数由前定

一　壹　有孫入泮
二　三妻羊命方得相宜
三　夫命庚午生姻緣注定
四　父子進士天發善門
五　兄弟進士前生注定
六　山溪水易漲易消否泰來或興或廢
七　罡　夫当入泮
八　芫　安社稷而固封疆靖中原而保邦家
九　番　子孫芹香

萬壹是

一　兲　孫当入泮

二　連刑玉人申命重親

三　夫命壬午生姻緣定数

四　水火之年妻死方合此刻

五

六　莁　未逢其時守貞死告

七　罘　夫入泮池

八　傾城傾国真堪羨半点朱唇萬客尝

九　罡　子入泮池

萬亭莁　向來枉費推移力此日中流自在行

一　毛　喜孫入泮

二　一妻一妻又一妻鴻命得相宜

三　夫命乙未生姻緣注定

四　辝　人生如醉誰知覺月落青宵隱探微

五　满目咲客人待客一双白手攢拏錢

六　䛐　嫩竹出林風勢悪全凭老竹傍其身

七　兕　夫当入泮

八　虽未窓前若用功終遊国学列辟雍

九　巺　子当入泮

萬章

一 兲 壽孫入泮

二 玉人多刑三娶夫命生人

三 夫命丁未生

四 青宮放馬功名显赫

五 枯松隐雀巢难建嫩竹出林未易成

六 虽是女流終佛性頓亡父母别姻緣

七 卒 夫当入泮

八 茳 房考之年

九 罡 子入泮池

万·亓幷 犹 房考之年

一 堯 孫八泮矣

二 三妻猪命方得諧者

三 夫命巳未生姻緣注定

四 正副齐生子副先正干後

五 異路功名得選巡檢

六 国学標名以足平生之志

七 至 夫当八泮

八 桓匕豹変矫匕虎臣

九 哭 喜子八泮

万·章 土年中夲木年会試方合此刻

一 卆 孫当八泮

二 刑部官政数由前定

三 夫命辛未生姻縁注定

四 半夜机梭常〻織身終衣冷不知春

五 持釣江濵上子陵一流人

六 孤立孤身事真陳去年去些費精神

七 垔 夫当八泮

八 買田起屋人〻羨真個才郎冠鄉村

九 兕 子採芹香

萬草 土年中舉水年会試方合此刻

一 坴 孫進泮官

二 水火之年国学水土之年出貢右合此刻

三 夫命癸未生数定前緣

四 戸部官政数由前定

五 乍雨乍晴寒共煖堪嘆春光不十分

六 柏舟立節水霜操斷臂流光萬古称

七 堊 夫当八泮

八 莁 日清月净僧家福快樂無憂

九 弄 子採芹香

萬亭

一　坴　吾孫入泮池

二　君得好大木莫虧小用

三　夫命甲申生姻緣注定

四　一妻一妻又一妻三妻四妻得相宜

五　四柱孤神大重命当削髮出家

六　手藝莫嫌苦只圖發財興家

七　嵩　夫当人泮

八　師命金木之年生死于水火之年方合

九　圭　子当人泮

万韋　水土之士捐翰林内雜職方合此刻

一 坴 孫入泮池
二 白入紅出最傷性劝君改过别途行
三 夫命丙申生姻緣注定
四 四娶馬命方得相宜
五 良人一去無踪跡寂寞蘭房掩綉幃
六 非富非貴貞穩地無憂無地樂昇平
七 壼 夫当入泮
八 兵部官政数由前定
九 垩 子游泮水
丙寅年 初任司職略遂平生

一 斋 喜吾孫入泮
二 初任左堂之戢得意之時
三 夫命戊申生数中注定
四 四娶土命方能諧老
五 莫怨藁砧伤早来生应念再尋媒
六 理達精微恩叨一命
七 龚 夫当入泮
八 徒招木火之年收方
九 垩 子入泮池
丏 亭 漕槎軍門位高爵重

一 奎 孫入泮池
二 靜日佛天行禮拜生來应合入空門
三 夫命庚申生姻緣定數
四 五行秀色氣生財天光霽月樂悠匕
五 南方運轉北方地一生衣祿永無憂
六 捐運粮千總之職榮樂終身
七 丢 夫当入泮
八 茌 聿修厥德長発其祥
九 嚣 子当入泮

万億

一 奕 喜孫入泮

二 玄冠重獅多金帶麝蘭香

三 夫命壬申生姻緣注定

四 四娶一命方可諧老

五 日間烏雲中現斗天上麒麟地下行

六 黄卷青灯勤苦讀書雲有分早標名

七 叟 夫当八泮

八 罍 鄉科及第又叶羆熊

九 垂 子採芹香

萬 拿 以貢而授司訓清平廣大

一　老　有孫入泮

二　　姊妹四人姻緣各配

三　　夫命乙酉生

四

五　　胸中学就錦雲章異日扳龍附鳳凰

六　　筆下精神誇手藝胸中錦繡奪天机

七　兲　夫当入泮

八　　工部官政敎由前定

九　　子入泮池

萬會年　以貢而選主部敎由前定

一 夾 喜孫入泮
二 不忮不求真貴品成人成己傑中人
三 夫命丁酉生姻緣注定
四 三妻四妾馬命相宜
五 文質彬彬君子志趨庭詩習儒宗
六 甚 東風方到寒猶在陽氣初昇賤尚微
七 卒 夫当入泮
八
九 垂 子入泮池
萬甯

一 尧 孫当八泮

二 壯 墻上枝頭花欲放開時又遇雨和風

三 夫命已酉生姻緣定数

四 四娶美命方能諧老

五 以数推来知性巧子秀孫奚世上奇

六 記晦明之事通阴阳之学

七 姊妹三人方合此刻

八 恭敬方圓机見識出処剛柔妙用多

九 奚 子八泮池

萬會畢 水火之年指運粮干総之职方合此刻

一　卆　孫採芹香

二　朝廷有道心安樂边塞無虞夢寐间

三　夫命辛酉生烟缘定注

四　四妻方得白髮定配猴命人

五　公门好修行君今当效法

六　奔東又走西赆銀滿載归

七　性急心慈不合人意

八　芙蓉生在秋江上石与羣苍闹异香

九　五九　喜子入泮

考會五千五百六　阎君本是無情王数定于斯不过期

一　七　老来見喜孫当入泮

二　家有天財自不能用

三　夫命癸酉生烟缘定数

四　一妻一妻又一妻酉命正相宜

五　淑德和風面持家有义方性格多慈惠且道更昭彰

六　金水之年入泮方合此刻

七　四五六　鄉科及第梦叶罷熊

八　意中生羽翼筆下起風雲

九　卒　子当入泮

房。合亘卒　当癸偏房以承宗祀

一　七三　孫当入泮

二　烏紗冠帶全無分創業興家却有名

三　夫命甲戌生

四　蛟龍变化終离海鵬翮程途半在天

五　藝精風鑑術倚麻衣

六　廿　生一子死一子悲喜全備

七　木火之子金水之妻方合此刻

八　早年有傷鴛失侶中年頓賦柏舟詩

九　六十　子当入泮

一〇八百年　水火之年由監而司職方合此刻

一　七三　孫当入泮

二　栄登月窟附鳳扳龍双親並茂誥命栄

三　夫命丙戌生烟縁注定之

四　此剋生人妻属水木

五　子評理数皆通曉不若此数可倚人

六　才德兼全巡司之職堪任

七　巡漕之職数中注定

八　兖　夫主刑傷归之不幸

九　卒　子游泮水

亏拿　卌八　欽命典試

一 茖 孫当八泮

二 佐邑無私宣德政臨民有道尚仁慈

三 夫命戊戌生姻緣定数

四 辟雍恩波重声名遠近馳

五 莁 乍暖柳枝無氣力淡時月影未分明

六 吏部官政救由前定

七 子招金水妻配火土方合此刻

八 茌 不料雲来薇明月誰知冷雪透來侵

九 壵 晚来毋子八泮宫

萬八皐十

一 害 孫入泮宮

二 以財而曰左堂數由前定

三 夫命壬戌生姻緣注定

四 初任修撰之職

五 蔭襲國公數中注定

六 職任縣佐次任邑侯

七 秉性虎生壘爲人燿青氈

八 卉 代天巡狩才德兼全

九 茁 喜子入泮

萬九覓 水火之年以監而捐左堂之職方合此刻

一 寅 孫入泮林
二 一枝鉄筆分生死三個金錢定吉凶
三 夫主壬戌生姻緣注定
四
五 吾 鄉科及第梦叶羆熊
六 兵部尚書至尊至貴
七 白衣至显官至貴数定其人
八 入翰林由庶吉佐理国政
九 有子拜丞
一萬九百十 父先去世母尚康寧

一 壱 喜孫入泮

二 卌九 恩星正照位至有荣紅

三 夫主乙亥生姻緣定數

四 氣象崢嶸真閫帥英雄超絕凝边宫

五 自納聰明十指巧他日持家效孟光

六

七 不及老班之巧当学師曠之聪

八 丗 房考之年

九 兵 子入泮宮

萬九百廿

一 兵 孫当入泮

二

三 夫主丁亥生姻緣定数

四 早日讀書終有望他年及第早登科

五 戢居通政数由前定

六 罷 明月掛松梢焚香祝懺宜

七 初任王事再任抽分

八 督理学政推賢舉能

九 尭 子遊泮水

萬鼐 金土之年以監而捐縣丞方合此刻

一　美　孫入泮池

二　千里荷花香馥郁一生時事任施為

三　夫主巳亥生姻緣定數

四　初任檢討之職

五　迎新送用尋常態美巧裝新反復情

六　一子生年屬水此刻不差

七　口念彌陀不脫塵在家修道敬鬼神

八　數定原来叅紫府腰懸金印掌元戎

九　兵　喜吾子今又泮矣

厲章

一 仝 孫入泮矣

二 父母生于金年終于水年方合此刻

三 夫主辛亥生

四 大理官政數由前定

五 命理原微妙圣人亦罕言何用再查

六 親 鄉科及第夢叶羆熊

七 欽賜中書承家承恩

八 初任守倫之職

九 兗 子当入泮

萬章 兄弟十餘人同父各母

一　仝　孫当八泮
二　一子生年屬土方合此刻
三　夫命癸亥生
四　兄弟進士天発善門
五　手中最嫺美藝不愁風雨不愁寒
六　生子聰明超群配于明門
七　陳紅貫朽塵無限積玉堆金富有餘
八
九　仝　子当八泮
萬年　幼年失夫中年守節

一 仝 喜孫入泮

二 一子生年屬木方合此刻長子

三 花開金紫重々艷竹帶長青節々高

四

五 山中梧桐樹莫作爛紫看

六 山鍾夜渡空江水秋月兼生古石楼

七 壵 兵部之戢數由前定

八 父子同榜進士

九 壱 子当入泮

一萬九百𠦃 勤儉持家享福过人

一　[illegible]　孫入泮宮

二　[illegible]　不鳴則已鳴則驚人

三　戲抛蓮子在池塘含着今朝花蕊香

四　一子生年屬金

五　官至同知高權待時

六　[illegible]　前途自有漁人引不必遲疑自在行

七　[illegible]　擁膝圯惌下自有大吉人

八　[illegible]　三島路峽空自有十分花鳥不知春

九　[illegible]　子当入泮

丙九[illegible]　始見浮生無着任領面心地欲扳依

酉集

万九[illegible]

一 [illegible] 孫入泮宮

二 [illegible] 不鳴則已鳴則驚人

三 戲拋蓮子在池塘会着今朝花蕊香

四 一子生年屬金

五 官至同知高權待時

六 [illegible] 前途自有漁人引不必遲疑自在行

七 [illegible] 擁膝北窓下自有大吉人

八 [illegible] 三島路峽空自有十分花鳥不知春

九 [illegible] 子当八泮

始見浮生無着任領面心地欲扳依

一 金 孫当入泮

二 花 日就月將学問充足

三 初任典史

四 子息之中女見先一胎二胎数亦然

五 初任教職果遂平生

六 蔭襲祖而州司職数由前定

七 中年失夫守子持家真暗淚

八 嚞 好生之德洽于民心

九 嚞 子当入泮

丙是

一 可怜不見厥親而刻本泣兮羨古人

二 克昌厥後綏我眉寿

三 夫妻同甲子姻缘定数

四 兄弟五人鼎列分飛

五 廿一 休道事無訛其中進退多

六 三復白圭詩今日之南容

七 妻匕子匕甲外之寿

八 四三六 啾唧不能免

九 待浔时来君展翅万花相映馬嘶啼

二万二千〇二十三四 岂是年來多不利吉多凶少莫慌張

一　熟識君閨範夫家凤度勤
二　巽　可惜平生四五六哀匕老幼徒知哭
三　夫妻同丙子姻緣前定
四
五　少年迍邅不利中年恍惚老年奇
六　不歷一番寒徹骨怎得梅花扑鼻香
七　坴　最壽两斉敬佛上事
八　亓祟　总是朦朧限紅花出水鮮
九　甘　望月休泛簾下立踏花偏向草中尋
亐丂廿　壽元足矣

一　病符入鼠年灾病来相缠
二　朱陳結于官族易数先知
三　夫妻同戊子姻缘定数
四
五　十三四　流年一派順風吹雲散月華明
六　九十崇　九崇喜匆匕千齡始吉祥
七　七十九八十　一池新水今朝雨满地桃花昨夜風
八　六崇　連日雨沉匕今朝始見晴
九　二崇之見如花不久
亙舌廿九　椿枝已落三年泣血

一　亘二　寿光元一伯有四君今少二春

二　廿　青年刑二室数中不幸

三　夫妻同庚子姻缘前定

四

五　垄　中秋月朗十分明万里无雲一色天

六　罷　良馬始因崗險路梅花今已發阳春

七　罷　不干已事休開口合議人情只点头

八　罴　一梦归陰府飘然入華胥

九

亖丂罕　鄉科中式元易数預定

一　壼　一夕風雷平地起犬生西口过門来
二　蘦　青年刑二室不幸之悲
三　夫妻同于子
四　罡　一塵不染方知幽室味長
五　師命甲子生
六　凶星到丑年疾病来相侵
七　圭　妻死之年纫而不幸
八　譊　喜而不喜之中妨否
九　数注其人经营湖海
万千〇五千

一　叁　老年運既否莫惹是和非
二　莊　青年刑二室人之中不幸
三　　　夫妻同乙丑姻緣注定之
四
五　　　師命丙子生
六　茁　今年花勝去年紅可羨明年年花更濃
七　羅　时来行二運一路吉祥亨
八　票　童年方四祟嫩竹出光輝
九

丙壬辛

一 [illegible] 淩匕軽烟迷芍薬微匕細雨湿芙蓉

二 [illegible] 青年刑二室不幸之悲

三 夫妻全丁丑

四

五 師命戊子生

六 [illegible] 童年一週三四祟四时寒热血光侵

七 [illegible] 光阴不幸随人去悠外悠匕独自行

八

九 [illegible] 運乖有解凶成吉信是松栢耐嵗寒

五千〇千

一 九十九紫 九十年來運正佳清晨疾病免咨嗟

二 三十九九 前妻喪未久後妻今又亡

三 夫妻全巳丑

四

五 師命庚子生

六 凶星到虎年疾病未相纏

七 飲酒茹葷安成分數中佳定一僧人

八 八惡 過此迷津外陷已樂太平

九

三五十六 寿元一伯零二春悠然一夢往西行

一 卆三 老年獲美景身健子孫賢

二 卅二 前妻死未久後妻今又亡

三 夫妻仝辛丑

四

五 師命王子生

六 灾星到兇年啾唧不安然

七 飲酒茹葷乞我分数中注定一僧人

八

九 六十五 一盆貧尽人間事得失栄枯総在天

万千〇卆

一　未出胎而剋父是爲遺腹之子

二　卌　前妻死未久後妻又亡

三　夫妻仝癸丑數定之先天

四

五　師命乙丑生

六　妻招金火子招金水方合此卦

七　惡曜臨龙年疾病来相纏

八　花　花当春放多妍媚月到天心分外明

九　一片白雲头上过釣斜秋月雨中明

亐壬覓　妻未期年見受剋数犯刑傷

一　一七八　松竹爭誇耐歲寒孤標勁節出儒林
二　廿五六　前妻既死後妻又亡
三　夫妻仝甲寅姻緣前定
四
五　師命下丑生先天定之數
六　猿鶴相依天外客逍遙物外玉欄杆
七　凶神到蛇年疾病應多贅
八　十五六　父死妻亡流年不利
九　一歲父死刑傷莫大
三千百十　貞靜幽閒閨中毓秀

一 奎 天哭炤命毋有刑傷

二 茈 前妻死未後妻今又亡

三 夫妻同丙寅先天前定之

四

五 師命巳丑生先天定数

六 伞 慶羨無他說惟說遐齡歲八旬

七 扶人于宵漢之上救人于水火之中

八 芘 父死妻亡不幸之甚

九 譶 鴻雁聯和声斷衡阳之浦

万壬亘亭

一 凶星到馬年身休不安然

二 廿九 四十 前妻已死後妻又亡

三 夫妻仝戊寅姻緣注定

四

五 師命辛丑生先天注定

六 三嫁甲子之夫方浔相宜

七 父母死于土木之年方合此卦

八 十九 二十 凮折椿枝忍惡又断

九 十三 駕鶴来雲去飄然竟不回

[illegible] 老来喪母之年

一　卌一　父母何恃欲食難存

二　卌二　困于蒺藜三刑其妻

三　夫妻全庚寅先天注定

四　卅三四　春日春花紅又綠秋江秋水碧還清

五　師命癸丑生

六　三嫁丙子之夫方得相宜

七

八　廿二　二孝臨身父死妻亡

九　六三四　欽命典試

万五千五百　木火之年進庠金水之年補方合此刻

一　亖至　雨过山川春別様时来方里月光明

二　罡　前妻已死後妻又亡

三　夫妻同王寅

四　十五六五　菊花景好耐風霜柏樹春深日匕長

五　師命甲寅生

六　良人有刑三嫁戊子之夫

七　命帶刚烈性果敢有為人

八　廿三四　父死妻亡二度刑傷

九　一九九百九　人生五福寿為先世上难逢百崇缘

万壬百旱壬七百　丧母之年

一　廿五六　財如皎月家々見畐似春深処々紅
二　卌五六　前妻已死後妻又亡
三　夫妻仝乙卯姻緣前定
四　凶星坐羊年疾病之相纏
五　師命丙寅生
六　命有刑尅三嫁庚丁之夫
七　卅九四十　龙下碧潭添秀色虎逢山谷轉精神
八　廿五六　不幸椿枝折誰知又斷絃
九　廿七六　千里暮雲愁未尽一川秋火恨無窮

二五三百八十

一 士 從前一路平安過今年明又迷途
二 罡 前妻已死後妻又亡
三 夫妻全丁卯先天注定
四
五 師命戊寅生
六 命有刑剋三嫁壬子之夫
七 木火合父母生年金火合父母死年方合此卦
八 茾 父死妻亡二度刑傷
九 病符相侶猴年祈保得安然
亙亖亘奘 喪母之年

一 四十三 今歲來年是一津 花前多害犬吠人

二 四九 五十 困于蒺藜一刑其妻

三 夫妻向已卯姻緣前定

四 師命庚寅生

五 命有刑尅三嫁乙丑之夫

六 五歲母亡人之不幸

七 父死妻亡刑傷莫大

八 廿九 三十 鼓盆之戚三見于此

九 廿二 病符到雞年 保護灾可退

亙青卆

一 奙 淵淵烟霞起懨懨愁悶損精神

二 坴 前妻已死後妻又亡

三 夫妻全辛卯緣分所注

四 師命壬寅生

五 命有刑尅三嫁丁丑之夫

六 双親辭世許多年椿樹先枯萱後凋

七 妻死妻亡二度刑傷

八 芼 三刑其妻人之不幸

九 蘁 喪母之年泣血悲傷

亙壬㚖亖兊

一
二 五四十三 前妻已死後妻又亡
三 夫妻全癸卯先天注定
四 師命乙卯生
五 命有刑尅三嫁己丑之夫
六 五崇母亡人之不幸憂
七 廿六五 父死妻亡刑傷莫大
八 卅四三 困于蒺藜三刑其妻
九 廿六五
五千三百 一片彩雲秋水至时来風月一番新

一 卣 青衿泛此浮方显少年强

二 蓋 前妻已死後妻今又亡

三 夫妻全甲辰姻缘之定

四

五 師命丁卯生

六 命有刑尅三嫁辛丑之夫

七 菈 事或能断無桑亦堪憂

八 茥 父死妻亡全在一年

九 茈 困于蒺藜三刑其妻

至耳 一片彩雲秋水至时来風月一番新

一　父母全生未終之年全死卒于金水之年方合

二　五千八　喪門相炤兩刑其妻

三　夫妻全丙辰先天注定

四

五　師命己卯生

六　命有刑尅三嫁癸丑之夫

七　数注紫衣人指引財祿功名自有期

八　廿一廿二　椿枝已折又復悲音

九　廿九三十　鼓盆之戚三見于斯

至言十　刑前妻于水年娶繼室于本年方合

一 芢 二龍爭一珠一得一失

二 五九 六十 困于蒺藜兩刑其妻

三 夫妻全戊辰姻緣前定

四

五 師命辛卯生

六 三嫁甲辰之夫

七 父死于木火之年母死于金水之年方合此刻

八 卅九 四十 齊門兼白虎父死妻又亡

九 卅一 卅二 鼓盆之戚三見于斯

亖言 卌三 四 亘鑠之下白虹于曜

一　可惜平生四五六哀々父母徒知哭
二　李　處々雞鳥兩分飛折斷佳人不齊眉
三　夫妻、全庚辰姻緣注定
四
五　師命癸卯生
六　命有刑傷三嫁丙寅之夫
七　静坐有经消白日閑来多事伴紅塵
八　罡　父死妻亡一年二孝
九　䒮　三刑其妻命犯刑傷
一　亙壬亘阜

一
二 亩彡 前妻已死後妻又亡
三 夫妻仝壬辰姻緣前定
四
五 師命甲辰生
六 良人有刑三嫁戊寅之夫
七 父母死于金水之年方合此刻
八 罒彡 父死妻亡兩度刑傷
九 六卄五 困子嫉藜三刑其妻
万壬亘皐 雁來嘹嚦黃花發好個声名処処聞

一 丗二 中年而亡前生注定

二 六五二 前妻已死後妻今又亡

三 夫妻今乙已姻緣注定

四 師命丙辰生

五 良人有刑三嫁庚辰之夫

六 对酒邀明月林甲酒不空

七 罡八 父死妻亡兩度刑傷

八 罡六五 父死妻亡兩度刑傷

九 八花 三刑其妻命帶刑尅

亐王亘王六 老來喪母之年

一　二十欠一春胡為寿不添

二　二卒　前妻已死後妻又亡

三　夫妻全丁巳先天注定

四

五　師命戊辰生

六　三嫁壬辰之夫

七　父母死于火土之年方合此刑

八　罬　父死妻亡一年兩傷

九　茬　困于蒺藜三刑其妻

万壬亘皁　大限已停縱有明医藥不灵

一　　虛名虛利兩不成浪跡萍踪已半生
二　六九七十　鼓盆之戚又見于斯
三　　夫妻全巳巳姻緣前定
四　　師命庚寅生
五　　三嫁乙卯之夫
六
七　卅三　天奪其算爲寿不穩
八　四九五十　父死妻又亡一年兩度刑傷
九　四十二　三刑其妻
亖圭貢壸　喪母之年

一　父母失宜必之納貨犁水走之年方合此刑

二　廿二　琴絃已續不是年年之曲

三　夫妻丁辛已緣分所注

四　師命壬辰生

五　良人有刑三嫁丁卯之夫

六　廩膳名香甫滑皇家之祿

七　廿二　父死妻亡一年二傷

八　五十三　困于瘼藜三刑其妻

九　四十三　困于瘼藜三刑其妻

二万三千一百九十六　幼年失母何时之有

一 卅二二 当年方進步此歲寿元終

二 廿三四 当年之曲不堪聞弾出新声另有声

三 夫妻仝癸巳姻縁已定

四

五 師命乙巳生

六 良人有刑三嫁己卯之夫

七 廿三四 名当補廪妻食皇家之祿

八 五三四 父死妻亡一年兩傷

九 四三六 困于疾愁三刑其妻

丙壬三百

一 卄六五 洞房桒樂事花謝又花開

二 夫妻仝甲午姻緣前定

三

四 師命丁巳生

五 良人有刑三嫁辛卯之夫

六 卄六五 喜逢黃道日廩膳姓名香

七 丆五六五 父死妻亡兩度刑傷

八 罒七 困于蒺藜三刑其妻

九

丆至亖草 一崇毋死終天愁恨

一　卒　去往猶如樑上燕　謀為恰似水中鷗

二　芢　破鏡已分兜央再整

三　夫妻全丙午姻緣注定

四

五　師命已巳生

六　良人有刑三嫁癸卯之夫

七　芢　喜逢黃道日廪膳姓名香

八　𢍆　父死妻又亡二度刑傷

九　四九 五十　困于疾厄三刑其妻

亖亖亖卄

一 罡 萱花已落三年泣血

二 廿九三十 死央鴦水面花謝又花開

三 夫妻全戊午姻緣注定

四

五 師命辛巳生

六 三嫁甲辰之夫方免其刑

七 廿九三十 喜逢黃道日膺膳姓名香

八 五十九六十 父死妻亡二度刑傷

九 至 三刑其妻

至三百卅廿 寿元缶添一朵雲載兩天

一　病符炤大年祈保淂安然
二　卌一　華故鼎新姻缘非偶
三　夫妻全庚午先天注定
四
五　師命癸巳生
六　三嫁丙辰之夫方免其刑
七　卌二　喜逢黃道日應膳姓名香
八　卒　父死妻亡一年兩傷
九　𠕇　三刑其妻
丟亖亶卑廿　寿足而亡天奪其数

一　罟　萱花已落三年泣血
二　茁六　鴛鴦戲水面花謝又花開
三　夫妻仝壬午年姻緣定之数
四
五　師命甲午生
六　三嫁壬辰之夫方免其刑
七　苎四　遇考拔前茅廩膳姓名香
八　岙四三　災死妻亡兩度刑傷
九　垂六五　困于蒺藜三刑其妻
十　云至亘臺乇　寿数已定之其奈之何

一 可先祈禳以免是年之眚

二 廿五六 鵲橋重渡花燭重新

三 夫妻仝乙未姻緣定數

四 師命丙午生

五 三嫁庚辰之夫方免其刑

六

七 廿五六 喜逢黃道日匯膳姓名香

八 廿五五六 父死妻亡一年兩傷

九 三六 困于蒺藜三刑其妻

亙至壹阜十

一

二 一六一四 鸞膠絃断月鈌復还圓

三 夫妻同丁未

四

五 師命戊午生

六 三嫁壬辰之夫方免其刑

七 一八一七 遇考核前茅廩膳姓名香

八 一八一七 父死妻亡二度刑傷

九 一十五九 困于蒺藜三刑其妻

十 三五三三 二四一三 終日経營事閑未喜鵲臨

一　百一　寿元原有定一百零一是归期
二　卅九四十　琴絃復續声音不是当年曲
三　夫妻全己未
四　師命庚午生
五　三嫁乙已之夫方免其刑
六　卅九四十　遇考接前茅廬膳姓名香
七　六九七十　父死妻亡兩度刑傷
八
九　卒　困于蒺藜三刑其妻
亙至百仝年　母赴瑤池三年泣血

一 六十五 总是年末遭蹭蹬只因幾度欠調停

二 四十二 洞房荣樂事花謝又花開

三 夫妻仝辛未姻縁注定

四

五 師命壬午生

六 良人有刑三嫁丁己之夫

七 四十二 遇考核前茅廪膳姓名香

八 夫妻仝局木

九 六十三 三刑其妻

亙至亖覓禀 四祟母死不幸之悲

亙盂豊覽

一

二 罷 当年之曲不堪聞弾出新声別有音

三 夫妻同癸未姻緣汪宅之

四

五 師命乙未生

六 良人有刑三嫁巳巳之夫

七 罷 遇考高列廪膳名香

八 廿 总有阳春舒柳眼仍防夜月損花容

九 垚 三見鼓盆之哥

一　巽　萱花已落泣血三年

二

三　夫妻仝用申姻缘之数

四

五　師命丁未生

六　良人多刑三嫁辛巳之夫

七　巽　廩膳名揚補得皇家之祿

八　平生志気三飧粟匕滿五斗傲文儒

九　堯　困于蒺藜三刑其妻

亏亖皇亯　寿元一百有四崇悠然一夢渺無踪

一　八九七十　樹因風吹花因雨妬

二

三　夫妻全丙申

四

五　師命已未生

六　良人多刑三嫁癸巳之夫

七　四八　廪膳名揚

八　十五　夫妻本是全林鳥宿在林中雄去先

九　六九七十　三刑其妻

二五三十四十五十五五六　安然最壽晶加增兕有虎豹不危身

一

二

三 夫妻全戊申

四

五 師命辛未生

六 良人多刑三嫁甲午之夫

七 四九 五十 廳膳名揚甫淍皇家之祿

八 六五卉 風輕雲淡日月太平时

九 奈 童年多順利三伏又生寒

亖 畐 卒六 喪父之年泣血之悲

一 七九 八十 千載洪基錦優匕一團生意遂兒孫
二
三 夫妻全庚申
四
五 師命癸未生
六 良八多刑三嫁丙午之夫
七 五三 廬膳名揚
八 運臨順境地早遂青雲之志
九 七五六 欲往且遲匕留心逐借力

丙壽章

一
二
三　夫妻仝壬申
四
五　師命甲申生
六　良人多刑三嫁戊午之夫
七　三千四百三　廬膳名揚
八　四千四百三　運至时亨知君獲福
九　四千四百三　上苑奇花呈富貴庭前瑞草鬧芳菲
二千五百二十　六祟母死人之不幸

一 哭 滿目韶光覌不尽一旦無常作故人

二

三 夫妻全乙酉数由前定

四

五 師命丙申生

六 三嫁庚申之夫

七 磊 遇考高列应詼補廩

八 会 行年到此日遲延不必吁嗟命在天

九 罡 白露收殘月清風散綺霞

亏盂覃午 水火是父母之年生金木是爺娘之生死方合

一 安富不尋常燕來啣得紫袍香

二

三 夫妻同丁酉

四

五 師命戊申生

六 三嫁戊午之夫

七 [illegible] 文昌炤命廩補名揚

八 [illegible] 椿枝風吹折三年泣血悲

九 三月倘圓明花殘子又新

[illegible] 文昌炤命是年採芹

一　九十三　臨風回首挑灊而三嘆
二
三　夫妻同乙酉
四
五　師命庚申生
六　三嫁乙未之夫
七　五十九　六十　補廩名揚老耒之慶
八
九　七十八　庭前花放艷驟雨憂愁
亖壹覃卒　廿八　上苑花枝正遇春急逢風雨減精神

一　经营四海终至一富
二
三　夫妻同辛酉
四
五　師命壬申生
六　三嫁丁未之夫
七　父母生于金火之纳音死于土木之年方合
八　八千七百　目前運到人得爽処匕春風草木荣
九　五千三　天地常存年華始尽
丂盂賣旯莲　半憂半喜不一其时

一 垂 仕途中正宜檢点無性內亦可薰陶
二
三 夫妻全癸酉
四
五 師命乙酉生
六 艮人多刑三嫁巳未之夫
七 罡 流年有悔慎之无咎
八 尧 漸〻春風化育生悠〻紅日上東昇
九 罨 萱庭且作遊仙夢泣血悲傷
亖丢覓

一 父母生于水火之納音死于水之之年方合

二

三 夫妻仝甲戌

四

五 師命辛酉生

六 良人多刑三嫁辛未之夫

七 廿 回祿焰屋家業成灰

八 金 桑榆景色晚五畐樂綿匕

九 苎 山花色甚香不与羣芳門異香

亙垂疉章金 紅輪西墜矣

一　乗　流年防失跌雲薇月缶明

二　芏　三春楊柳家二月桃花処红

三　夫妻仝丙戊姻缘前定

四　師命乙酉生

五　良人有刑三嫁癸未之夫

六　回祿之憂此年难免

七　哇　半地是非生善里西凤着意瘦芙蓉

八　噐　老年凤雨近归程今崇欣逢道坦平

九　罡　大数已定不必再查

亙耆亖卄　吾亖

一　廿六　澄匕空有見梧梧涓滴如珠不忍聞
二　　當年提督浩官出入顯赫
三　　夫妻仝戊戌姻緣前定
四
五　　師命辛酉生
六　　良人有刑三嫁甲申之夫
七　廿五六　回祿之災是年難免
八　四十三　三四廿災晦難免
九　四十九　天命少一年母命入黃泉
十　[illegible]　南柯一夢入華胥人憶英雄笑語中

一 四九 五十 今日恩星下九重靄然佳気日匆匕
二 五五六 謀事合人意流年多吉慶
三 夫妻仝庚戌
四
五 師命癸酉生
六 三嫁丙申之夫
七 六七 火星入屋紅焔生灰
八 前妻丞夫命已就復娶丞命妻方合此刻
九
五五亭 孔怀应有四同気只二人

一 四二三 目下數年犹未利当防土計作災殃
二 廿一 流年犯凶星盜賊未相侵
三 夫妻全戊戌天所定之也
四 師命甲戌生
五 良人有刑三嫁戊戌之夫
六 火焰將熾尽其屋
七 三十廿九 父母何時定在此年
八 九十 琅琊竹报平安日錦綉開花滿戶红
九 四八
六五五五四五三五 一梦入華胥

一 廿三 畐從天降禅林旺事遂人謀徒又昌
二 四廿三 盜賊相侵流年不利
三 夫妻仝乙亥姻緣前定
四
五 師命丙戌生
六 良人有刑三嫁庚戌之夫
七 卌三 火星入屋流年犯凶星
八 廿三 其年正副生子流年吉慶
九 夫命屬木
三三三三十四 一進一退吉裡藏凶須仔細

一万三千五百二十

一 四五三 灾危难免

二 六七三 盗賊相侵流年不利

三 夫妻仝丁亥先天定之数

四

五 師命戊戌生

六 三嫁壬申之大方淂諧老

七 四十三 火星入宅流年不宜

八 四二十三 正副斉生子命招两度红鸞

九 二十 流年不安灾病缠身

夫命属金

一　　四祟而亡先天注定
二　六廿七　盜賊相侵流年不宜
三　　夫妻全巳亥姻緣前定
四　　師命庚戌生
五　　良人有刑三嫁乙酉之夫
六　　火星入屋流年不利
七　六卅五　双喜臨門妻妾生子
八　六卅五　母赴瑤池三年泣血
九　五三　年高齒落壽莫能延
三百三五百十九十

一　十三 四十　今年交新運一路勝前程

二　廿九 三十　竊盜相侵流年不寍

三　夫妻仝辛亥數由前定

四

五　師命壬戌生

六　良人有刑三嫁丁酉之夫

七　廿六 廿七　火星入宅焚尽其屋

八　廿六 廿八　正副皆生子命炤両紅鸞

九　廿六　子規啼落楼大月一梦南柯

一百五 五十五 四十五 廿四　日上三竿阳光漸俙

一 年方五祟不幸母亡
二 卅二 鴛鴦相侵流年不寍
三 夫妻全癸亥先天注定
四
五 師命丁亥生
六 良人有刑三嫁己丑之夫
七 卅九 四十 火星入宅流年不利
八 卅九 四十 紅鸞相照正副生子
九 廿四 妾氏生子

亙至是

一
二　卌三　窮盜相侵流年不利
三　兄弟二人一人入泮
四
五　師命丁亥生
六　良人有刑三嫁辛酉之夫
七　罜　火星入宅焰盡其屋
八　罜　紅鸞相照正副生子
九　甚　寵室生子
亙壹千矣　大數已盡

一 吾 母赴瑤池三年泣血

二 廿五 窃盜相侵流年不寍

三 兄弟三人一人入泮

四

五 師命乙亥生

六 三嫁癸酉之夫方得諧老

七 四十三 火星入宅流年損失

八 四十三 紅鸞相照妻妾生子

九 廿八 側室生子

一　四九九五千　名進賢關弓馬入泮
二　六七七　竊盜相侵流年有失
三　兄弟四人一人入泮
四　師命辛亥生
五　良人有刑三嫁甲戌之夫
六　火星入宅家業破耗
七　四八六五　紅鸞梢炤正副生子
八　四八六五　寵室生子
九　廿七　母赴瑤池三年泣血
五五三六四五五

一

二 卅九四十 盜賊相侵流年不利

三 兄弟五八一人入泮

四

五 師命癸亥生

六 三嫁丙戌之夫方得諧老

七 四七八 火星入宅回祿生災

八 四七八 紅鸞正炤正副生子

九 其 寃室生子

三五至三章

一　五四三　流年順利家室安寧

二　四三　流年不利盜賊相侵

三　兄弟六人一人入泮

四　毋赴瑤池三年泣血

五　良人有刑三嫁戊戌之夫

六　火星入宅流年有失

七　四九五十　紅鸞入宅妻妾生子

八　四九五十　寵室生子

九　艽　灾杀從前總是痴今朝長別待何如

十　三五三五十六

一 四九 大數已定莫可爲平生拮据總是虛
二 五十 盜賊相侵流年不利
三 四三 兄弟七人一人半泮
四
五
六 良人有刑三嫁庚戌之夫
七 五三 畄祿之灾是年难免
八 五八 有酒盈樽終廻吉
九 三十 偏室生子
三百五十三 数注其人与人生理

一　任他缶数紅塵饒自有身心白晝間
二　罡　流年犯凶星盜賊来相侵
三　兄弟八人一人入泮
四
五　圭　母赴瑶池三年泣血
六　良人有刑三嫁壬戌之夫
七　畫　火星入宅回祿之憂
八　苗　幾年浪跡混紅塵一旦辞归故白雲
九　丗　側室生子
亖呈垩　母赴瑶池三年泣血

一　卆九　杜鵑¹夜月蝴蝶怨殘紅

二　罒七　盜賊相侵流年不利

三　　兄弟九人一人入泮

四

五　芏　毋赴瑤池三年泣血

六　　良人有刑三嫁乙亥之夫

七　五十五六　火星入宅回祿之災

八　十九廿三　月出不堪雲淡七廿花開無奈雨淋匕

九　卅　偏房生子

五六貞十七四　毋赴瑤池三年泣血

一　四二　長眠幽室塵埃净匕对寒潭心境空

二　四九 五十　盗賊相侵流年不利

三　五三四　塩梅妙有調羹手到老还堪作釣竿

四

五　八七　雲散一天星斗煥風活四海浪波平

六　良人有刑三嫁丁夾之夫

七　五五八七　火星入宅流年有失

八　五品大夫归故里不搖金扇自然凉

九　廿五　側室生子

五百五 百六 百七　数声鵑鳥啼血泪洒西風

一　四十三　人事正當蕭索處春光又在雨寒中

二　五十三　盜賊相侵流年不利

三

四

五　六十一　老年泣血萱堂壽終

六　　三嫁乙亥之夫方許白髮

七　五十九 六十　回祿之災是年難免

八　廿二　財帛渾如新柳發人情好似蚤花開

九　卌　偏房生子

二十三 二十四 五十五　杜鵑啼落樓台月寒鵲噪破夕陽春

一		
二	丟	盜賊相侵流年不利
三	卆八九	行年到此愁日暮时光易迈遠山空
四		
五	全	少年優悠到此境白髮猶自逞風流
六		良人有刑三嫁辛亥之夫
七	㚒	火星入宅回祿之灾
八	罡	好把阴功祈善保怨字無心一在头
九	芸	側室生子
亖亖草	莊	毋赴瑤池三年泣血

一 亖 大數已定之一樽美酒送行程

二 壽 盜賊入室大小齊驚

三 夭乇 行年一百生荆棘西風吹落子猷册

四

五 乇 毋赴瑤池三年泣血

六 良人有刑三嫁癸亥之夫

七 盃乇 回祿之灾是年难免

八 六乇 月出不堪雲沒匕花紅無奈雨淋匕

九 共 妾氏生子

孛亖亘千六亖 流年不順西風吹面青

一 垄 大数已定之水向東流不復回
二 垂 窃盜相侵流年不利
三 圭 未年童運好雲開月正明
四
五 兵 母赴瑤池三年泣血
六 罡 行運只防太歲沖不能相尅亦能空
七 垒 娥眉懶画新时月蝉鬓慵梳甲日容
八 棄 花因雨滞客多色草爲春寒綠不明
九 芭 側室生子
屖鼎芭 多風起浪々頭高縱欲停舟也見驚

一　卄祟　六祟妥毋莫大刑傷
二　卄五九六十　盜賊相侵流年有失
三
四
五　卄九三十　一鞭快馬岩前过半葉孤舟浪裡行
六　九十七一百　枯枝遭雨打朽葉被霜殘
七　三十三四十祟　三四祟冲逢一險楊子江头苦叫天
八　卄三四十　庭幃西水㳽海海簾幙凤悠月似年
九　卄六　偏房生子
百五十四二百三十　房考之年

一
二 奎 盜賊相侵破家之禍
三 蕖 堯天舜日往來皆亨
四
五 㸒 其年喪母世上古稀
六 招木火之子配金水之妻方合此卦
七 蒄 家自富兮祿自隆老來晚景樂融匕
八 离祖宗而事迁移数由前定之
九 艽 側室生子
亖𠆢亖𠆢亖 十崇欠三春母赴瑤池

一　共　数定㓜年而亡泣血西風涓殘行

二　䜣　盜賊相侵破家之禍

三　　迁他鄉遂作創業始祖

四

五　蓵　自天祐之无往不吉

六　　良賈沵藏未可量其蓄積

七　坌　㓜年防灾厄恰似臨沵淵

八　蓵　年滯菱花藏袖裏金蓮休向井中行

九　罡　側室生子

亖乭百卒　眹杀咾之前総是痴今朝長别待何如

一　八千六五　閨中順利矣日不悠々

二　七千六五　盗賊相侵破家難免

三　做按院之戝權一省之事

四　十六五　翩々黃鳥集于泮林

五　招恵土木之子配贤才之妻方合此刻

六　土六　家業財源生瑞気綺罗席上日融々

七　五六　母赴瑤池三年泣血

八　数注中年而亡方合此卦

九　四百　側室生子

万壬千壹百壬十壬　花放隨風情切々水流葉落恨凄々

一 卅 母赴瑤池三年泣血
二 兖 盜賊相侵破家难免
三 㶣 童災疾厄仍調理六七年未雨復晴
四 老 幼年入泮身沐皇恩
五 廿 官事纏身流年之晦
六 㕘 好似花開当午日犹如嫩柳遇春風
七 䍐 那有期頤寿五畐之中屈一指
八 不是儒生实是吏員
九 罡 側室生子

三万五千二百八十 以异路而選経歴数由前定

一 苗 乍雨乍晴雲裡月半開半落雨中花

二 六九七十 盜賊相侵

三 𠦃 乍雨乍晴雲裏月半開半落雨中花

四 六 名登庠序身沐皇恩

五 𦬁 命犯朱雀官事臨身

六 父黃甲而子亦黃甲天発善門

七 水火之年剋妻方合此卦

八 𡌸 談経宙夜月說法有清風

九 𡌸 妻氏生子

壹毫卑 丗 母赴瑤池

一 千六五 庭前春色景物宜人
二 廿三 大盜相侵破家之禍
三 六千六 滚前多病厄至此莫狐疑
四 九十 名進賢閣身沐皇恩
五 六千五 官至遷身流年之晦
六 六千八 乍雨乍晴秋樣景不寒不暖困人天
七 五千四 人情莫道春光暖只恐秋末夜月寒
八 三千 嫩竹初出土紅蓮出水鮮
九 四千五百 妾氏生子
一万一千六百足 夫命屬水

一 卌 母赴瑶池三年泣血

二 卌三 盗賊相侵破家之禍

三 九 出于幽谷迁于乔木

四 廿 名登庠序

五 卅六 朱雀臨身官事不寧

六 卅 門内起于戈家庭内不和

七 卅三 童運未堅多灾厄过此一派是平途

八 卅二 经霜松柏依然茂雨过芝蘭分外香

九 卌 妾氏生子

一千一百五 五旬男存為先一百有五往西天

一 十一 不幸萱花折幼年何恃

二 卌五 六 盜賊破家

三 七十九 八十 蒼松晕愈老愈堅

四 廿一 名登庠序

五 廿九 三十 官事臨身流年之晦

六 廿三 四十 家庭不和門外起干戈

七 數注幼年而亡方合此剋

八 八十 莫嫌老圃秋容淡更有貴晚甲香

九 四十八 妾氏生子

万三千八百二十 万金难得于数易成

一 圭 滿閑行大道從此路堂堂

二 茈 盜賊相侵

三 罡 年來日麗和風美回頭東風春正宜

四 廿 出于幽谷迁于洋林

五 苎 命犯朱雀官事臨身

六 莁 門外操干戈家庭內不和

七 椿萱並茂先天注定父先行

八 数注技藝好終身衣祿無窮

九 罡 側室生子

亙実算九乇 寿元終矣水向東流不復回

一　一百九九　古貌蒼已世上空有

二　四廿九　盜賊相侵

三

四　廿三　名進賢關身沐皇恩

五　四廿三　命犯朱雀官事難免

六　六廿七　家庭不和門內起干戈

七　一百少一春悠然往西行

八　八廿七　万里玄雲天一色長江風靜水無痕

九　四六　壽民生子

亖天章高　若能休健尤為福但得身閑即是仙

一

二 四三一 破家之禍

三 五三四 生後有人酹夙債兩年去爭入公門

四 廿四 名登庠序

五 廿六五 命犯朱雀官事臨身

六 三十廿九 門外起于戈家庭內不和

七 五三六五 楊花飛点〻保慎越前溪

八 十些 父亡胡爲命不堅

九 四九 側室生子

五长八亘壬亞 母赴瑤池

鐵板數

一　艽　母赴瑤池

二　罡　破家之禍

三　不及調和塩梅乃為商賈之客

四　茥　名進賢關身沐皇恩

五　茈　命犯朱雀官事臨身

六　丗　門內起干戈家庭總不和

七　䓘　家肥屋潤般〻遂子秀榮華事〻亾

八　罡　喜慶疊七得登科又兆熊羆

九　王　側室生子

三八亘壹三　幼年喪母人生不幸

一

二 罡 迍邅之年破家之禍

三 𡙇 欽命典試

四 共 出于幽谷迁于泮林

五 卌九 命犯朱雀官事臨身

六 醋 門外起于戈家庭內不和

七 犇 財也通運也通恰如楊柳遇春風

八 罒 鄉科及第

九 埀 妾氏生子

亖竜 土木之年刑妻方合此卦

一　五九　細雨霏七遂暗壓阴台關上送行人

二　四巳　晦氣之年破家之禍

三　娶妾爲室數由前

四　廿七　名登庠序

五　四三　命犯朱雀官爭難免

六　卅五　門外起于戈室家總不和

七　五六年來多晦咎七八年內亦如之

八　金木之年進庠水火之年出貢方合此卦

九　五五　側室生子

吾天算卜

一 奀 晚年失妻難免其悲
二 四九五十 晦氣之年破家之禍
三
四 共 名列庠序
五 罷 命犯朱雀官事難免
六 芘 門內起干戈家庭內不和
七 王侯之位五福俱備
八 𠂇 喜也生子不妻亡
九 亖 妾氏生子
亖 冥十亖十宗 年方十宗其數已完

一　全三　落花春去矣𢦏絮景蕭然

二　丟三二　晦氣之年破家之禍

三　罡　鄉科及第

四　芄　名登庠序

五　罡六五　命犯朱雀官事難免

六　卅九 四十　門內起干戈家庭事不和

七　五三四　家庭暮閧雎之化內助叶麟趾之休

金水之年進庠木火之年補廩芳名齊顯

八　

九　𠈌　妻氏生子

丏元　夏是　夫命屬水

一 廿七 毋赴瑤池
二 五百三十四 適諳不利破家之禍
三 六百五十 泩此数年多阻碍殷勤教子淂前程
四 三十 出于幽谷迁于泮林
五 四百八十七 命犯朱雀官事臨身
六 四百二十二 門内起于戈家庭事不和
七 数注其人鈄工之業
八 十五 志孝衰慈親終天之恨
九 三百二十五 側室生子
三百五十 四百五十九 演武及弟

鐵板神數

一　六九　人生七十古來稀胡爲六九竟歸期

二　五八七　盜賊相侵

三

四　卌一　出乎幽谷遷于洋林

五　五四九　命犯朱雀官事纏身

六　四二　門內不和家室口舌

七　五三三　梅向臘中呈玉蕋菊從霜下綻金英

八　五六六　幼年生疑恐俄驚五夜霜

九　五八六　妾氏生子

一百五十八百十八　大數已定之何必復查

一 [illegible] 命寿不堅八崇登仙

二 [illegible] 乱年破家

三 [illegible] 命逢美運滔滔好耿耿長明不夜天

四 世 出于幽谷迁于泮林

五 [illegible] 命犯朱雀官事不免

六 [illegible] 門内不和口舌起于戈

七 三崇玄母人生不幸

八 [illegible] 將至古稀一梦入華胥

九 [illegible] 妾氏生子

亙丢鼎

一 仌宗 八宗无侍再赴瑤池

二 五九六十 盜賊破家

三 十九宗 童年小恙乍雨乍風

四 丗二 名登庠序

五 五三四三 命犯朱雀官非相侵

六 四八七 門內起干戈家庭事不和

七 五九六十 水大有船休过渡月明无伴勿登程

八 六五五 安然无事家室康寧

九 五六 側室生子

百二十九百十 喜也生子不去妻亡

一　卄五六　閨中愁怀無計消解

二　十九　此年喪毋人生不幸

三　三卄五六　夜雨洗開紛翦仲眼西風搖動伯牙琴

四　卄四　出于幽谷迁于泮林

五　二卄五六　命犯朱雀舊官非难免

六　四九　五千　門内于戈家庭不和

七

八

九　千五　側室生子

二三　二九　三千二　三千三　百年一梦万物總虛

一　卌　十事必头総未全幽魂早已入黄泉
二　蔭荣于絶数由前定之
三　六十五　早晨已过爺　事廉慎凤生錦綉香
四　卌二　入泮一年
五　卅八　命犯朱雀官非难免
六　卅三　門内干戈家庭不和
七　四十一　花甲一週鳳去西　主失妻
八　六十五　家庭廸吉喜氣盈門
九　卒　妾氏生子
五百五十九百卒　毋赴瑶池

一　去　母赴瑤池
二　　　喜也生子不喜妻亡
三　　　飲酒茹葷无我分數中注定之一道人
四　共　出于幽谷迁于泮林
五　卒犹五　命犯朱雀官事臨身
六　壽三　家庭不和門內干戈
七　　　招將木金之子配水火之妻方合則
八　花八　喜中之喜生憔悴灾處生灾事不成
九　空　妾氏生子
十　亏垄黾崇九　流年九崇母赴瑤池

一　十九千　風急漫行江上艇雨寒休向客中居

二　荛　馬行不脊逢中洴宿鳥盅知暗裡弓

三　屋連三五座間立一庭園

四　芒　名登庠序

五　只念弥陀不脫塵在家修道一俗人

六　𧑴　門内干戈家庭不和

七　房考之年

八　祖業不靠別創家園

九　至　側室生子

至千九百全　母赴瑶池

一 仝 鴛雀乘云去飄忽竟不回

二 卆兊 桃嫩不禁三月雨杜鵑啼血五更天

三 䕺 菊花霜威重沾天雨露濃

四 艹 名登庠序

五 中年食素前生善報

六 㲋 家庭不和門外干戈

七 以父女為役婢前生注之

八

九 垄 側室生子

十 厊羗覓缶 幼年喪母人之不幸

一 父秀士而子亦秀士天發善門

二 一週三四多疾厄

三 四五 從此閨中春日暖蘭馨處處掛爐香

四 廿九 名進賢關身沐皇恩

五 四六廿九 不覓三番風雨至不閑情處也閑情

六 六十五九 門內起干戈家庭內不和

七 六十四五 忙來不覓春風曉吹落冰霜滿華堂

八 廿七 童年一二祟楊柳風寒水面生

九 四十四 孝民生子

亙是

一　一週而父亡女之不幸

二　玉人有刑四娶甲子

三

四　甲　翩翩黃鳥入於泮林

五　桂籍扳登难得遂桥門由発必高哉

六　廿一　出門交有功死咎

七　廿三　是年生子不幸妻亡

八　六十二　母死妻又亡命帶两度刑伤

九　理達阴阳隆恩寵錫

一萬千　虽無一品夫人貴也是人間国学妻

一 二歲父亡女之不幸
二 玉人有刑四娶丙子
三
四 罡 名進宮牆文章入泮
五 夜寒鴛帳衾懶展日鎖粧台鏡少開
六 喆 瑯琊竹照平安日禪室幽閒禍不生
七 其 喜生一子不幸妻亡
八 莁 不幸萱花墜誰知鏡破分
九 雲鬢蓬鬆心懶整玉顏消瘦有憂疑
一萬言卅

一　三芏三父亡女之不幸

二　五人有刑四娶戊子

三　五行秉德中和氣由惠正直

四　𡉏　名進賢關身沐皇恩

五　名姓芳香傳萬古君門産此最奇英

六　𦯬　上苑奇花呈富貴禪門翠竹綠雲華

七　芼　喜生一子不幸妻亡

八　卄䖵　母赴瑤池妻遊閬苑

九　卅䖵　日麗野梅猶帶雪風和楊柳更含烟

萬　克儉克勤稱淑女內助持家數有方

一　四岦父亡女之不幸
二　玉人多刑四配庚子
三　罒　枕蓆之悲难免
四　罡　名登学册身沐皇恩
五　平生慈善樂天真磨節流芳啟後人
六　芢　訪友尋師吉兇不利
七　共　喜生一子又見妻亡
八　芢　不幸母亡妻又見傷
九　阻羅阻羅非可效捕沙入水必招灾

萬三甲

一　　五崇爻亡女之不幸
二　　玉人有刑四娶王子
三
四　噐　名進貧幽身沐皇恩
五
六　𦫵　寂巳入空门徜徉自得
七　艽　是年生子誰料妻亡
八　𦭝　毋赴瑶池妻遨遊悲中之処更添愁
九　　浔見鹿鳴沾寵宴桃花須暖听春雷

五千○五十

一 六崇父亡女之不幸
二 玉人有刑四癸乙丑
三
四 四十 名進賢關身沐皇恩
五 珪璋自是清閒福格局偏諧治世音
六 卅 福享安然清風明月樂無边
七 三十 喜生一子不幸妻亡
八 廿五 母死妻亡兩度悲傷
九
亖千〇六十

一　七歲父亡女之不幸
二　四歲丁丑之妻方免刑剋
三
四　四十六　身登泮宮名入賢關
五　少年生計未全成中道遲來必顯榮
六　五十三　清閒浮坐事卓立出風塵
七　卅　是年生子不幸妻亡
八　卄八　母死妻亡兩度悲傷
九　妻命宜配少方可得白頭
十　五千午　一週刑母女之不幸

一 父亡于八崇女命帶刑
四癸己丑之妻方免刑剋

二

三

四 罒七 名登泮林身沐皇恩

五 茁五 日离海角千山秀月到中天分外明

六 芸六 如桃之盛兆瑞兆祥

七 卋 喜星一子不幸妻亡

八 莾 萱草凋而琴音絕兩度刑傷

九

亙季仐 二崇毋亡女之不幸

一　垄　数未滿旬女刑爹親
二　　　四配辛丑之妻
三
四　哭　名進賁闕身沐皇恩
五
六　茈　日淸日靜禪林規模
七　荁　喜生一子誰料妻亡
八　卋　二殺萱臨母妻偵故
九　　　公平正直冠帶臨身
兲卆　　三卋母亡女命刑傷

一　圭　白虎照閭門父死淚漣漣

二　畐　四配癸丑之妻方免再刑

三　冕　琴弦從此斷不必傷悲

四　名列黃閣身遊泮水

五　雲鬢懶梳因鳳折又無男女處孤身

六　茚　諸吉悉至光被四表

七　酤　妻生一子不幸妻亡

八　毋妻俱死一年兩刑

九

亖至百　四丗刑毋女之不幸

一　士　白虎照闈門父死女之不幸
二　　　四配甲寅之妻方得到老
三
四　卒　足步青雲名列庠序
五　　　寡人割断中天路孤身青春守節人
六　芔　朝功暮課享福悠悠
七　芸　喜生一子不幸妻亡
八　茳　二杀臨門母妻俱故
九
亘卒亭　五兰母亡女之不幸

一　土　白虎臨門女刑父親
二　　　四配丙寅之妻
三
四　卒　名列登闕身沐皇恩
五　罣　幽冥有路茫茫八西京
六　罣　天官地符禪僧作福
七　共　喜生一子不幸妻亡
八　芘　母妻俱故命帶兩刑
九
一百二十二章　六些魁母女之不幸

一　白虎临门女刑父親
二　四配戊寅之妻
三
四　吾　名列黌宮身掛青衿
五　官居極品東西南北総兵權
六　罡　良宵有景皆堪滿院設経伴月明
七　世　是年生子誰料釵分
八　卌九　風落萱花琴絃又斷
九
亖至亘　七崇刑母女失所依

一 声 白虎照閫门父死女不幸

二 四姿庚寅之妻方免再刑

三

四 吾 高登士榜洪案標名

五

六 罒八七 不但師徒多尼难更言福寿又加增

七 卅八 喜生一子不幸妻亡

八 罒二 母死妻亡两度刑傷

九 操生杀之權寄封疆之戦

亘玉阜 八崇母亡女之不幸

一　去　白虎倚门女刑父親

二　　　四娶壬宾之妻方免刑尅

三

四　畾　身入泮池芹香可美

五　　　燕子未逢旧度全黃埿啣尽不成巢

六　罂　禅林寂静处红塵那裡来

七　光　喜生一子悲亡其妻

八　罒　萱花謝琴弦断悲中加悲

九　　　夙缘祖業自创成家

丙辛百暈　崇未满旬闺中失母

一　十六　白虎臨门女刑其父

二　　　　玉人屢刑四癸乙卯

三

四　五五　数当入泮老来之荣

五　　　　歷事能幹持家有方豈是凤火性治事亦温良

六　五二　及时花果献凤老到佛堂

七　四十　喜生一子不幸妻亡

八　四六五　母死妻亡兩度刑傷

九　　　　羨君畢世路坦夷盎然春色滿皇州

亙圭真十廿三　少年刑母女之不幸

一　乇　白虎照命女刑父親
二　　　玉人屢刑四娶丁卯
三
四　兲　老年入泮
五　　　所行正大鄉人導之儀型
六　壽　尋師訪友泉流若畔遇知音
七　罡　喜生一子誰料妻亡
八　罠　毋死妻亡兩度刑傷
九　　　本是方寸地羨君能西虎雕龍
亙皇阜土　少年毋死女之不幸

一 六 父死之年女之不幸

二 玉人多刑四娶己卯

三

四 毛 數該八泮

五

六 [illegible] 外內康寧師徒享福

七 罡 喜生一子不料釵分

八 [illegible] 母死妻亡一年兩傷

九 清夜不聞芹香雨東風時奏杏弦琴

[illegible] 是年喪母女之不幸

一　一九　父死之年女之不幸

二　玉人多刑四娶辛卯

三

四　兲　身当入泮得掛青衾

五　継旧更新業財廣二字重㐲琫

六　毳　內外安帘師徒有慶芒離踏破没処相每

七　罜　喜生一子悲也妻亡

八　手　不幸萱花萎誰知又斷弦

九　久陽故道誰人識不黍秋風听馬嘶

亖至皇亖　是年母死女之不幸

一　亍　父死之年女命之悲

二　　　四配癸卯之妻

三

四　兲　老年入泮喜也何如

五　　　生平多巧計白手自興家

六　㹹　好將善訣傳徒弟樂我逍遥一片心

七　閪　喜生一子不料妻亡

八　蠢　母死妻亡兩度悲傷

九　　　一生富貴命榮華無刑無辱錦中花

亖壬百卤　母死之年女之不幸

一　廿　父死之年女之不幸
二　四娶甲辰之妻
三
四　卒　花甲入泮老当益壯
五　鴛鴦酒醉心未死查鴛臺重下換新衣
六　興家創業人財旺錦上添花氣象新
七　四十五　喜生一子不幸妻亡
八　三十六　母死妻亡兩度之悲
九　安開利路十幾年來大発財
五千三百十五　母死之年女之不幸

一 廿 父死之年女之不幸
二 四娶壬辰之妻
三
四 有子先生女救注于前
五 連城自壁出藍田丹鳳高翔上九天
六 壯覌出門從此显那空那色上人名
七 巺 喜生一子誰知妻亡
八 [illegible] 母死妻亡悲中見傷
九
[illegible] 母死之年女之不幸

一 廿一 父死之年女之不幸
二 四娶戊辰之妻
三
四 借老二春以足古稀之數
五 双親归世在何日數定母先赴瑤池
六 六十五 來門相照蔓及于師
七 四十四 喜生一子不料妻亡
八 卒九 母死妻亡兩度悲也
九 不求名達受奔波笑傲林泉樂意多
亙垂扇古 母死之年女之不幸

一　苦　父死之年女之不

二　四酡庚辰之妻

三

四　卜君陽年終八九

五　𡌪　房內聞香

六　荒村野路眠宜早野店風霜起要遲

七　罒六　妻生一子誰料妻亡

八　坐　母死妻亡一年兩傷

九

亖壬亖畐六　母死之年女之不幸

一 芏 父死之年女之不幸

二 四配壬辰之妻

三

四

五 此刻生人夫婦必齊眉

六 不做生涯不力田一身常在貴人边

七 兕 產兒妻故喜處生悲

八 盍 母死妻亡兩不幸也

九 秋月梧桐経夜雨春風桃李一番新

孕壹亢 母死之年女之不幸

一 芸 父死之年女之不幸
二 四配乙己之妻
三
四
五 父先母後数前注定
六 利夫益子正助夫貧
七 卒 喜星一子不幸妻亡
八 弄五 母死妻亡一年兩悲
九
亘呈真乎 母死之年女之不幸

一 廿七 父死之年女之不幸
二 四癸丁己之妻
三
四 卜君之寿古稀欠一春
五
六 竹幹青春如玉潔老艷烏雲乱惹丛
七 五五 喜生一子不幸妻亡
八 六七 母死妻亡不幸之甚
九 幸在衡门手有餘錢妻子光烼
一五三三己廿一 母死之年女之不幸

一 共 父死之年女之不幸
二 四配己巳之妻
三
四 借老三春以足古稀
五
六 数注腰横犀角帶金花御酒沐皇恩
七 五三 壽生一子誰知妻亡
八 卒 母死妻亡一年兩度刑傷
九
亙主頁廿二 母死之年女之悲也

一 芁 父死之年女之不幸
二 四配辛巳之妻
三
四 借老三春湊成花甲人
五
六 茈 師傅涅槃雪衣臨身
七 吾 喜生一子不幸妻亡
八
九 辟雍成名易琼林奪錦难
亖覓芸 母死之年女之悲也

一 丯 父死之年女之不幸
二 四酉癸巳之妻
三
四 为人言行篤信中氣堂匕活潑聰俊才人
五 时来運至精神爽好向蟾宮折桂枝
六 乍雨乍晴犹未雪東風佈暖不生寒
七 吾 妙鳳生一子哀哉妻又亡
八
九 有孫有財过晚景無憂無慮樂昇平
亙亖百卌 毋死之年女之不幸

一 卌 父死之年女之悲傷
二 四配甲午之妻
三 雲鬢盡垂整理娥眉應有再加粧
四 道衿承命寵錫榮身
五 祿到長生兼才印任君加官入廟堂
六 五五 喜星一子不幸妻亡
七 四三 鴛鳳和諧难免中天一笑
八
九
五千三百廿五 毋死之年女之不幸

一　丗　父死之年亥之不幸

二　四癸丙午之妻

三

四　寿元何日止須待七旬餘

五　以財発身曰貢

六　燈花初報今朝雨滌雪迷于陽崇梅

七　[illegible]　喜生一子不幸妻亡

八　为人慷慨気宇軒昂無諂無驕不忮不求

九　気宇軒昂超出尋常

亙亖亘廿　母赴瑤池于此崇女居沵阁甚悲傷

一 丗三 父死之年女之不幸

二 四娶戊午之妻

三

四 卜君之壽未滿五旬

五 一生之苦受他方有酬有苦有高低

六 為人質朴心性慈良有周急之心 金坏 姊巳

七 丗吾 喜生一子不幸妻亡

八

九 明倫堂上文風藹詩学窓前化雨新

十 [illegible] 母死之年女之悲傷

一 卌 父死之年女之悲也

二 四娶庚午之妻

三

四 知君寿数八旬有餘

五 巫峽雲高峰十二欄杆風靜水無痕

六 運至時逢遊泮水才華滚滚噴秋香

七 尭 喜生一子不幸妻亡

八

九 識見机謀有性情衆不同逆如雷怒順則仁風

叁臺臺共 母死之年女之悲也

一 卌 父死之年女之悲也

二 四娶壬午之妻

三

四 数定官居北闕宝劍鋒氣莫遮

五 術数紹岐黄皇恩錫一命

六 中年時運幾風光歷尽風光梅始香

七 兲 喜生一子悲没荊花

八 借問寿元何日尽七旬之外是归程

九 素履輕裳甘寂靜齊心洗性語長生

亙圭亖亘羍兂 母死之年女之不幸

一　卄六　父死之年女之不幸

二　四配乙未之妻

三

四

五　舞低楊柳臺前月歌尽桃花扇底風

六　済世金婆心恩波有意生

七　卒　喜生一子不幸妻亡

八

九　萬綠叢中紅一点動人春色不須疑

亙圭亖具卒　母死之年女之不幸

一 廿 父死之年女之不幸

二 四配丁未之妻

三

四 如花向日枝枝秀似草穿林節節高

五

六 一生氣焰摩星斗品格威嚴振雷霆

七 心善到頭身必善鳳亭復整釣魚竿

八 緝蔴屋裡春風滿織錦机中夜月寒

九 修真悟道思自九重來

百三十卓廿 毋死之年女之不幸

三千三百六十

一　廿　父死之年女之不幸

二　四娶巳未之妻

三

四　志氣自同唐李杜軒昂不讓漢班超

五　五行兼得中和氣轟轟烈烈逈出群

六　掌握貔貅秉節鉞惟從边塞播声名

七　後運正興家盛光風霽月樂悠悠

八

九　斜倚花街迎客慣笑生桃李可人憐

十　毋死之年女之不幸

一 光 父死之年女之不幸

二 四娶辛未之妻

三

四 母先去父後亡易數無差

五

六 [illegible] 弔客相觸命巳酉遊

七 理人曲直排難解紛冠帶臨身

八

九 財源交積吉名重家業興隆氣象新

萬[illegible] 母死之年女之悲也

一　卌　父死之年女之不幸

二　　　四娶癸未之妻

三

四　　　財源金珠滿案前緣惹朱戶憶神仙

五　　　一生運限是亨通卓犖才華氣吐新

六　　　爲人廣運識見高明

七　　　大運前來大易交明倫堂上咲呵呵

八　廿　雲髻無心整所喜者不敵所憂

九　　　我生不幸幼年喪父

萬壬曹凿　母死之年女之悲也

一　罡　父死之年女之不幸

二　四娶甲申之妻

三

四　爲人丰姿飄逸文武皆通

五

六　艮人有刑再嫁丙子

七　一貴當權群魔伏馬頭帶劒鎮邊疆

八　莫謂平生未称情遇犬騎龍始見亭

九　爲人忠厚滿面春風胸如寶鏡量似淵形

萬壹芸　母死之年女之傷也

一 四十 父死之年女之不幸

二 四娶丙申之妻

三

四

五

六 頁人有刑再嫁丙子

七 人願如此如此天理未然未然

八 門納天下士春風滿面生

九 老而無子日獨君命所當然

萬壽卌共 母死之年女之不幸

一 罜 父死之年女之不

二 四娶戊申之妻

三

四

五 學術儒宗洪恩榮錫

六 艮人有刑再嫁戊子

七 君善修齋做會仁慈即可成佛

八 壵 好把陰功祈善保惣字無心一在頭

九 圭 敉該生子　枯楊生稊

萬言罝卋 母死之年女之悲也

一 罍 父死之年女之不幸
二 四娶庚申之妻
三
四
五 好義輕財平昔志東西南北任徘徊
六 良人有刑再嫁庚子
七 半文半俗士財王或真或假半斯文
八 㲋 從前事兼總徒勞回首東風泣楚騷
九
萬三罍共 母死之年女之不幸

一 罡 父死之年女之不幸

二 四娶壬申之妻

三

四

五 以博絲呼紅為事錢財或有或無

六 艮人有刑再嫁王子

七 此刻生人夫妻全白髮

八 辛元 南柯夢入華胥国人憶英雄笑語中

九 度量寬宏滿胸兵甲

萬壽疊苂 母死之年女之不幸

一 哭 父死之年女之不幸

二 四娶乙酉之妻

三 芘 祇園春日暖簪樹發光輝

四

五 窗前唱力揚威武崢嶸氣象振天庭

六 良人有刑再嫁乙丑

七

八 杢 從前事業總徒勞回首西風泣楚騷

九 歷盡江山千萬轉興家創業日興隆

亏壬酉革 母死之年女之悲也

一 罡 父死之年女之不幸
二 四娶丁酉之妻
三 椿樹謝時萱亦萎當年泣血父爲先
四
五 覌花早去洛陽樓刀筆前程衆共誇
六 艮人有刑再嫁王子
七 秋風桂子花開晚海上蟠桃結子遲
八 奆 俄然遂成大夢六親徒贈悲哀
九 試問双親辞世日先天注定父行
萬貫壺 母死之年女之不幸

一 巺 父死之年女之不幸
二 四娶巳酉之妻
三 处事有臨机應変之才交友有周急濟貧之念
四
五 芹宮讀罷鷄鳴月还要秋闈古桂香
六 艮人有刑再嫁巳丑
七 財源來萬里富厚勝爲官
八 六五 大数巳定一杯魯酒送行程
九 結髮未從諧老願夫妻三配得齊眉
萬壽星堂 母死之年女之不幸

一 兕 父死之年女之悲傷

二 四癸辛酉之妻

三 寄在賭博場中 陰阳顛倒如何

四

五 龍韜何必陳三畧虎帳由来振万方

六 艮人有刑再嫁辛丑

七

八 六八七 洞裡妾人春寂寂幽冥有路去茫茫

九

云盍覓罡 毋死之年女之不幸

一　卒　父死之年女之不幸
二　　　四癸癸酉之妻
三
四
五　芖　人逢好運精神爽花遇風和瑞氣香
六　　　艮人有刑再嫁癸丑
七　　　食素看經兇美意不如心善更爲高
八　耋　年至古稀一梦归酉
九
亖圭青畾　毋死之年女之不幸

一　父死之年女之不幸
二　五人屡刑四癸甲戌
三
四
五　廿　添丁未久又逢凶
六　艮人有刑再嫁甲寅
七　只身無繫累快活任優游
八　七　水盡山窮處茫茫別一天
九　臂健尚嫌弓力軟眼明猶識陣雲高
二五三五亘四五　母死之年女之悲矣

鐵板神數　癸集

一　五三　父死之年女之不幸

二　　　王人多刑四癸丙午

三

四

五　四三　添丁未久又逢凶

六　　　頁人有刑再嫁丙宍

七　五三　習文習武有精通數定標名耀祖宗

八　七三　駕雀乘雲去飄然竟不回

九

万三五三百四六　毋死之年女之不幸

一 五三 父死之年女之不幸
二 玉人有刑四爻戊戌
三
四
五 十六五 添丁未久又逢凶
六 巨人有刑再嫁戊寅
七
八 七五 一春鱼雁乏消息万里関山梦断魂
九 娴韜武畧遊圣泮将耒将相兼全
万三五八四七 母死之年女之不幸

铁板神数 决集

一 五四 父死之年女哭悲傷

二 玉人屢刑四娶庚戌

三 罒 雌先其雄救注妻亡

四

五 六七 添丁未久又逢凶

六 良人有刑再嫁庚哭

七 六七 綠水青山隨笑傲玉泉金井汪涵融

八 六七 駕雀乘雲去飄去竟不归

九

亖圭矗貫 母死之年女之不幸

一 壹 父死之年女之不幸
二 王人屢刑四娶壬戌
三 能甘淡泊閒中樂不問繁華分外求
四
五 卅艽 添丁未久又逢凶
六 艮人有刑再嫁壬寅
七 五行秉得剛柔性道仁必仁慈
八 卆艽 壽元止于此一去竟不回
九
萬壹壹竟 此年失母女之不幸

一 兲 父死之年女之不幸

二 玉八有刑再娶乙亥

三

四

五 丗 添丁未久又逢凶

六 艮人有刑再娶乙卯

七 嫺韜武略遊聖泮翺翔萬里上青雲

八 全 駕霍乘雲去天上多一仙

九

鳳雲貴幸 母死之年女之不幸

一 五七 此年父死女之不幸
二 四姿丁夾淂免其刑
三
四
五 廿四三 添丁未久又逢凶
六 艮人有刑再嫁丁卯
七 为人拔萃超羣黄卷精通青雲淂路
八 八四三 天上玉書召地下完英雄
九
六三五四五一 母死之年女之不幸

一　五八　是年父死女之不幸
二　玉人有刑四姿巳亥
三　前妻生一子後妻生三兒
四
五　卅六五　添丁未久又逢凶
六　良人有刑再嫁己卯
七　七二　妻赴幽冥地夫当在阴台
八　八六五　八旬加五六一去莫哭
九
一百三十五貫八百三　母死之年女之不幸

一　旡　父死之年女之不幸
二　　　四奚辛亥免刑玉人
三　　　一胎生二子又逢凶
四
五　芢　生子逢凶
六　　　良人有刑再嫁辛卯
七　　　他年氣焰摩星斗飽食孫吳要泮宮
八　仒七　天地常存年華始盡
九　　　汝孰孫吳秘必作青雲客
亙亖五覔五亖　母死之年女之不幸

一 卒 父死之年女之不幸

二 玉人多刑四娶癸亥

三 吾 禅林寂静时乙明月清風

四

五 萆 添丁未久又逢凶

六 良人有刑再嫁癸卯

七 夫妻应谐老夫大到白头

八 卆 岂太阳台路不通好從阴路覓行踪

九

亖芉百五 毋死之年女之不幸

一 六二 父死之年女之不幸

二

三

四

五 四二 添丁未久又逢凶

六 良人有刑再嫁甲辰

七 偏房豈多不結子娶得鼠命許生兒

八 六十五 其年生子又入泮林

九 十二 未嫁夫先死命帶刑傷

五三十四五 母死之年女之不幸

一　夳　父死之年女之不幸

二

三

四

五　罡　添丁未久又逢凶

六　艮人有刑再嫁丙辰

七　偏房只多不結子娶滑牛命許先兒

八　䒤　其年生子又唱採芹歌

九　亩　幼年刑夫女之不幸

十　亖亶兵　母死之年女实悲傷

一　亽三　父死之年女之不幸
二
三　苦　咏關睢之詩樂君子之逑
四
五　罡　添丁未久又逢凶
六　良人有刑再嫁戊辰
七　偏房兕多虎命生兒
八　卉　其年生子正喜入泮
九　去　幼年尅夫女之不幸
一〇　亖毛　母死之年女哭悲也

鐵板神數

一　四十　父死之年亥之不幸

二

三

四

五　四八七　添丁未久又逢凶

六　頁人有刑再嫁庚辰

七　偏房出多不結子癸得兇命許生兒

八　廿一　採芹生子同在此年

九　十六　幼年尅夫亥之不幸

[illegible]五六　母死之年亥哭傷悲

一　𫠣　父死之年女之不幸
二
三
四
五　罒幸　添丁未久又逢凶
六　良人有刑再嫁壬辰
七　偏房豈多不結子努得危命許生兒
八　苷　採芹生子同在于此
九　七　夫死之年女果不幸
亖𠀁五九　毋死之年坤人悲傷

一　父死之年女之不幸

二

三

四

五　五十八　添丁未久又逢凶

六　良人有刑再嫁乙丑

七　側室党多蛇命生覓

八　六十五　是年生子又当入泮

九　六十　尅夫之年刑傷莫丢

五十六十七十八十　此年喪母女之不幸

一 宅 父死之年交之不幸

二

三 亣 天上为仙

四

五 亖 添丁未久又逢凶

六 扆人有刑再嫁丁己

七 偏房虽多不结子癸得馬命許生兒

八 芁 目前生子又入泮林

九 九 此年尅夫女之不幸

亖亳 廿 卜商之歎是年难免

一 一六 父死之年女之不幸
二
三
四
五 五五六 添丁未久又逢凶
六 艮人有刑再嫁已已
七 偏房出多不結子發得羊命許生兒
八 廿卅 双喜临门生子採芹
九 卅 夫死之年女之不幸
三百三十六頁卄四三 卜商之嘆斯年難免

一 兖 父岂有寿而歸而女亦傷悲
二
三
四
五 兲八七 生子未久又逢凶
六 良人有刑再嫁幸己
七 偏房岂多不结子娶得猴命許生兒
八 丗二 双喜临门生子入泮
九 廿二 夫死之年坤人之悲
亖孛覔菈六五 卜商之嘆是年难免

一 七十 父親有寿亡亥亦当悲

二

三 为人慎至終多陌逆之虞

四

五 五十五十 添丁未久又逢凶

六 良人有刑再嫁癸己

七 偏房当多不结子癸淨鴒命許生兒

八 四十三 生子入学双喜临门

九 廿 尅夫之年悲莫大焉

十 三十二十八十七 卜商之嘆見于此年

一　十七　琴瑟正相調豈料一朝絃斷
二
三　衣砵停来空寂已生涯到処是良緣
四
五　崇科之年名定高列
六　良人有刑再嫁用申
七　側室出多不結子要得大命許生兒
八　十五　二喜臨門生子採芹
九　十三　友死之年悲莫大焉
一〇　十三　卅　卜商之嘆定在此年

一 亣 少年失婚悲莫大焉
二
三
四
五 卌三 科考崇考定列前茅
六 良人有刑再嫁丙午
七 偏房虽多不结子务得猪命許生兒
八 𠦃 登喜病门生子入泮
九 甴 丧夫之年傷悲莫言
一乏乇扉丗 卜商之嘆是年難免

一 丸 断絃之悲定見于斯

二

三

四

五 廿五六 科衆之年定当得意
貭人有刑再嫁戊午

六

七

八 廿九四 其年生子又入泮宮

九 廿五 夫死之年女之不幸

卜向之時此年必見

一　二十　斷絃之悲其誰料乎
二
三　廿　白虎焰闖门妻命定矣刑
四
五　花　祟耆之年定当剋列
　　　　貞人有刑再嫁庚午
六
七
八　卌二　可喜生子又入泮宫
九　共　夫死之年归之不幸
[illegible]　卜商之㗸是年必覺

一 廿一 困于蒺藜不見其妻

二

三 廿三 此年斷絃之悲

四

五 卄卌 科考之年正当高列

六 㫐人有刑再嫁壬午

七 廿六 紅鸞相炤配夫之年

八 四三 生子採芹其樂融匕

九 廿七 夫死之年归之不幸

亙壬亶 廿八 卜商之嘆是年难免

一　廿一　射妻之年实可悲也
二
三
四
五　卅一　崇考之年考之高列
六　　　　頁人有刑再嫁乙未
七
八　卌五　喜也生子贺也入泮
九　廿八　夫死之年归之悲也
吾壬古貢筮卑　卜商之嘆定見于此

一　廿　鼓盆之歌見于此年

二

三

四　其　不料當歸西

五　䒥　科考之年名必高列

六　　　艮入有刑再嫁丁未

七

八　罡　双喜臨門生子入泮

九　㐸　婦命有刑夫当受尅

萬壬貢壬壘　卜商之嘆見于此年

一 曲 琴瑟相和豈期弦断

二

三

四

五 莁 歲考之年各必高列

六 亘人有刑再嫁巳未

七

八 卒兕 生子採芹二喜全至

九 卒 夫死之年妊之不幸

藚十豐 卜商之嘆見于此年

一　茥　困于蒺藜難免刑妻
二
三
四　　　性悟不知身外事不期恩命自天來
五　芲　科考歲考名定高列
六
七
八　丗　其年有納寵之喜
九　丗　夫死之年悲莫大焉
丙亖亖覔盧　卜商之嘆見於此年

一　共　困于蒺藜不見其妻

二　去　宜家貞吉閨門順遂

三

四

五　戦　科考之年名當高列

六　　　良人有刑再嫁癸未

七

八　甡　是年納寵之喜

九　丗　夫死之年女之不幸

方云倉足愆　卜商之嘆定見此年

一　廿七　断絃之悲定見此年

二　卅　斯时妾所求闺中日優游

三

四

五　四二　科業之年考必高列

六　良人有刑再嫁甲申

七

八

九　卅二　夫死之年归之不幸

亙五章罕罕卜商之嘆定見此年

一　廿八　困于蒺藜难免刑妻

二　廿三　相安相樂慶流年閨中人事幸無牽

三　壬癸無情閨中被溺

四　卌三　科考之年名列超等

五　艮入有刑再緣丙申

六

七

八

九　卌四　喪门相熖夫君难留

一百五十命算卅五二　卜君之喪其年定見

一 艽 數該刑妻之年

二 茁 斯時無所求終日得優游

三

四

五 罡 科考之年名必高列

六 良人有刑再嫁戊申

七

八

九 苷 夫死之年真正不幸

十 亙手盒磊 卜商之嘆定見此年

一　丰　数注佳人难共老琵琶撥出断腸声
二　芒　闺中和顺快楽便游
三　苗　春色惨淡榈杆暗失
四　亖　中饋人亡未免寂寞
五　罒　科考之年考必高列
六　　　艮人有刑再嫁庚申
七　莽　清風为友明月相知
八
九　芖　夫死之年大不幸也
亙丟盒五五六五　卜商之哭君今亦尖

一 卅 得無斷弦之悲乎

二 共 輪輻財來安居順利

三 芵 霏霏細雨桃面無顏

四

五 [illegible] 科考之年名必高列

六 艮人有刑再嫁王申

七 奕 子規啼落樓臺月一枕鴛鴦夢不成

八

九 芒 夫死之年婦之不幸

萬壹會壽 喪明之悲君亦如之

一　丗　白虎相照难免鼓盆

二　兂　無是無非一團和氣

三　垩　断弦之悲是年之咎

四　壵　老年失妻何必悲乎

五　𦍌　科㘴两考必然高剋

六　　　艮人有刑再娶乙酉

七　奚　数注隹人难共老琵琶撥出断腸声

八

九　艹　夫死之年婦之不幸

萬云會六十恍　喪明之悲卜君定矣

一 丗 数當刑妻

二 丗 樂意悠悠閨中無求

三

四

五 壽 考試之年名必高列

六 艮人有刑再嫁丁酉

七 尭 数注隹人難共老琵琶撥出断腸声

八

九 芃 夫死之年妇之不幸

壹 亭亞 喪明之悲君亦如之

一　茜　困于蒺藜不見其妻

二　罡　閨中納福事事呈祥

三　卌　一束詩囊一束經隨处可安身

四　花　有進徒之喜

五　羴　科考之年名列前茅

六　　　良人有刑再嫁已酉

七　兖　鴆鳥別却雄鳥去今朝料想再会难

八

九　罕　夫死之年妇之不幸

蠆言令卒碇　喪明之悲君今見之

一 丗 不免鼓盆之悲
二 罒乜 筮是筮非閨中叶吉
三
四 卌廾 有進徒之喜
五 五七八 科考之年名必高列
六 艮人有刑再㕘辛酉
七 廾 古稀之祟乃失其妻
八
九 四 命犯白虎是年夫死
三五覓六五六 卜商之咳涯前所生

一 廿六 數注鼓盆之戚

二 四六 閨中快樂福享安然

三 卅六 门外事如海善師心君灰

四 廿三 進徒之喜

五 五四 考試之年名必高列

六 再嫁癸酉之夫

七 七三 老年妻喪何用悲也

八

九 四三 喪门相焰必死其夫

二五百六六 卜君之喪是年難免

一　廿七　鼓盆之歌是年之咎
二　卅一　闺中顺遂
三　五四　雌雄失恨凄匕
四　四廿三　進徒之喜
五　六三　科考祟考㝎荽姓名
六　再嫁甲戌之夫方免再刑
七　七三　古稀加二載妻死亦可悲
八
九　四三　夫死之年归之不幸
亙兂皇犖　卜商之嗟君亦如之

鉄板神数

一　廿八　困于蒺藜不見其妻

二　廿三　閨中有安老之樂門外生大小之憂

三

四　六廿五　進徒之喜

五　六三四　科考之年名必高列

六　再嫁丙戌之夫方免再刑

七　七三　老年妻故何用悲乎

八　数中不幸父死非命

九　四四　夫死之年归之不幸

五千二百廿十三二　老年丧子哭声不出

一 廿九 得妻斷絃之悲乎
二 四九 自天祐之吉無不利
三 五八 琴失其音皆因絃斷
四 廿七 八 進徒之喜
五 六十五 科崇之年名必高列
六 再嫁戊戌之夫
七 十四 老年妻故亦是悲也
八 四五 六五 朝說法晚設經紅塵物色不關心
九 四五 命犯白虎難免刑夫
万三千九百

一 甲 流年不利未免刑妻

二 五 大小吉慶福自天來

三 益 老年妻故何用悲乎

四 葬 進徒之喜

五 㐬 遇考之年必獲其意

六 再嫁庚戌方免再刑

七 豈 老來喪妻之年

八

九 哭 夫死之年歸之不幸

亙丟九百四

一 四 妻死之年是年之告
二 吾 夜月移花影春風報好音
三 卌 華林月月長伏虎尽焚香
四 四一 進徒之喜
五 卒 遇考之年名必高列
六 再嫁壬戌之夫
七 卡 老年妻故悲也何如
八 卒 耳順之年妻死泪漣〻
九 罡 命帶傷刑必剋其夫
亙元亘

一　四二　天妻有离別之憂

二　廿七　一提楊柳搖新綠幾処榴花映日紅

三

四　四三　進徒之喜

五　十二　遇考之年名必高列

六　再嫁乙夾之夫

七　七三　老年丧妻之年

八　六十　鸳失其鸯悲也孔傷

九　四八　夫死之年

三五貞廿八　三旬加八載荒芜而归

一　四三　妻死之年不幸之悲

二　廿六　平安吉

三

四　四六五　進徒之喜

五　七四三　遇考之年定必標名

六　再嫁丁亥之夫

七

八

九　兕　夫死之年大不幸也

二万三千九百七十二

鐵板神數

一 四三三 困于蒺藜不見其妻

二 廿九 行藏集福坤人之幸

三

四 四八七 進徒之喜

五

六 垂家已夾方免刑夫

七 [illegible] 老景得安康不料中饋亡

八 [illegible] 童運未堅寒熱每多沾

九 弄 夫死之年老來之悲

丟千九頁八

一　罡　妻死之年

二　甲　家室安泰其樂融融

三　四三　独木桥头休跨馬千層浪裡莫行舟

四　罼　進徒之喜

五　四三示　舟中歪歪險楊子江头苦叫天

六　再配辛夷之夫

七　六辛　信是栽培阴騭好雨滋花萼浮荣華

八　八四三　蘇小妹前休縱酒謝公城内莫閑遊

九　五　夫死之年

三二九覓

十 四八 妻死之年

二 四一 享平安之福樂大有之年

三 三六 一週二崇生荊棘西風吹動子猷舟

四 五二一 進徒之喜

五 六六五 花開正苑香猶噴春長名園茁更高

六 再嫁癸亥之夫

七 六六五 克己從人防㝵失安心慎謹莪行藏

八 六四三 運交入運勝淺前積玉磨金房盈田

九 五三 夫死之年

五二三足

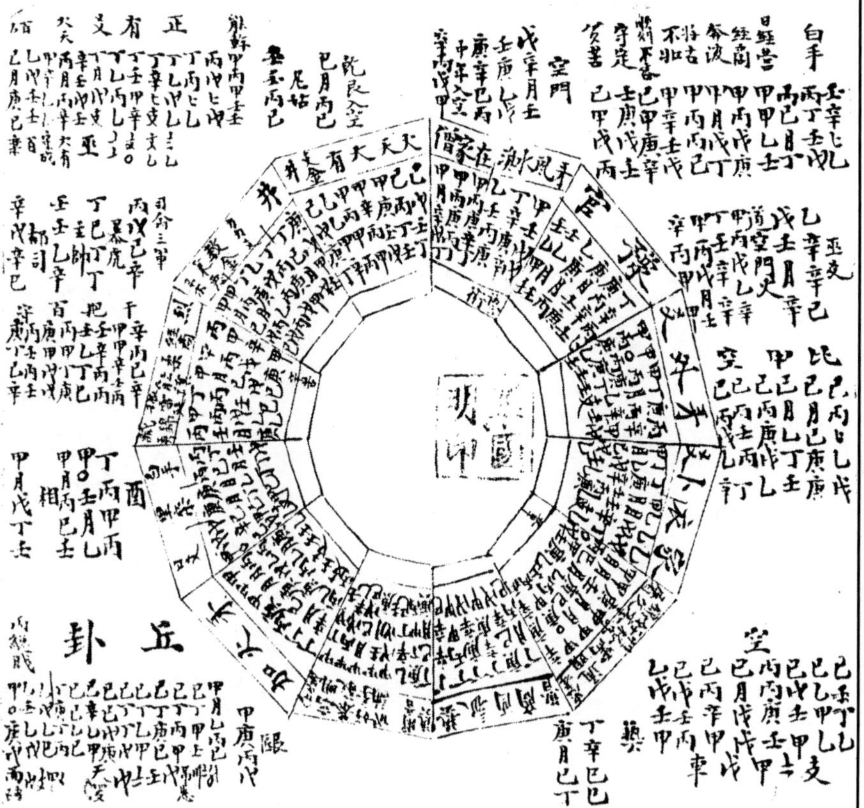
白手
空門
正卦

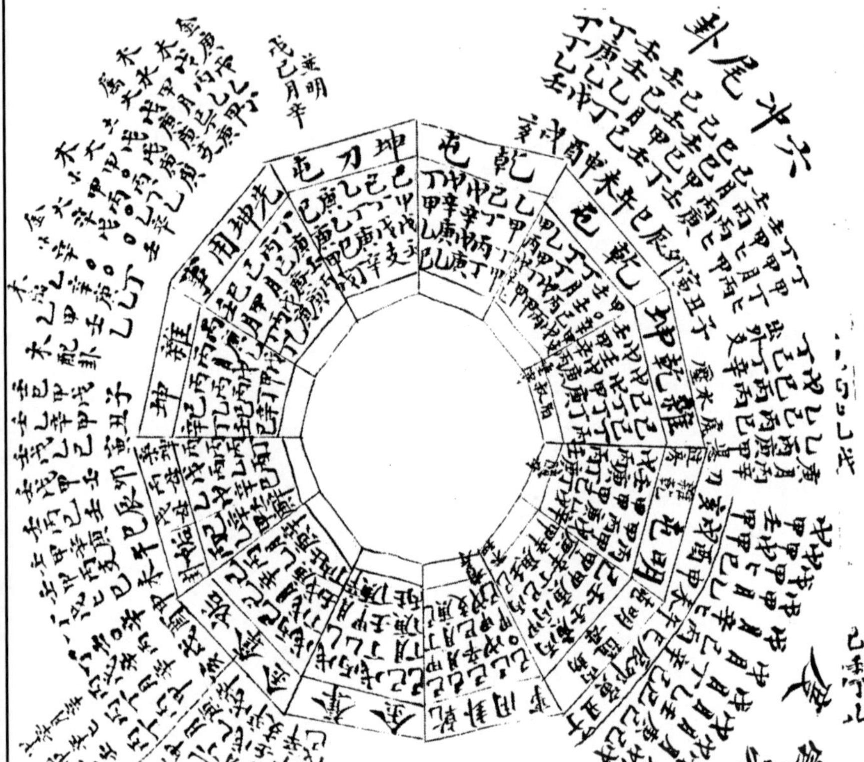

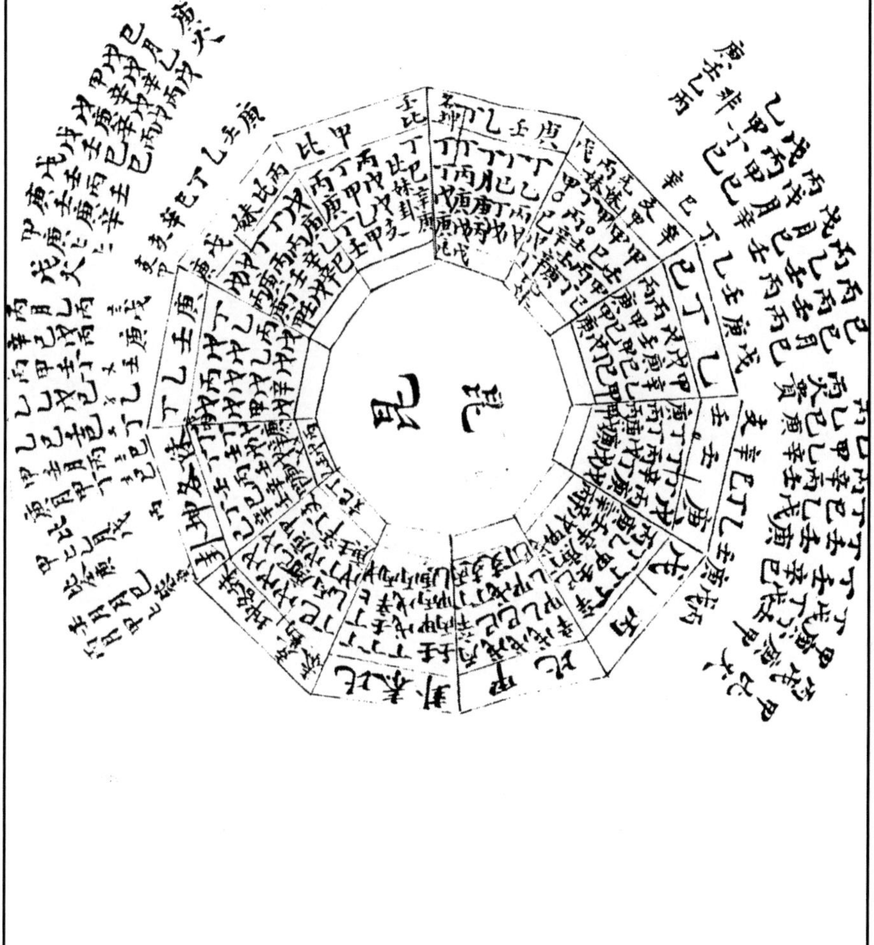
艮宮

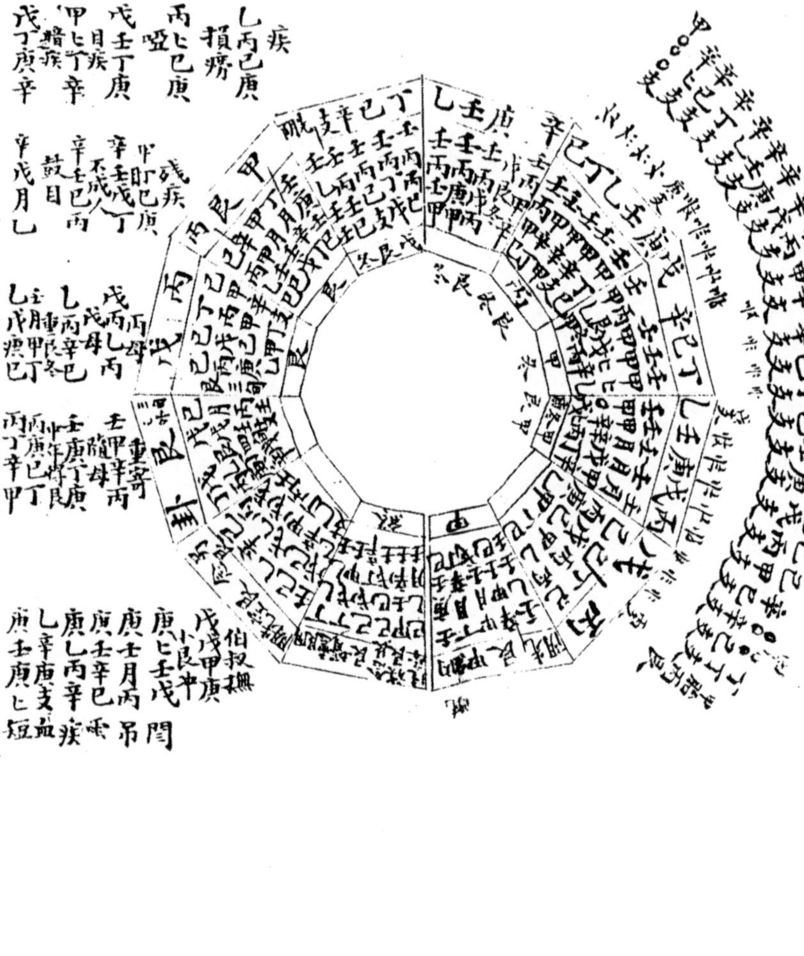
疾
乙丙巳庚
損痨
丙乙巳庚
啞
戊壬丁庚
目疾
甲乙丁辛
瞎疾
戊丁庚辛
殘疾
甲丁巳庚
辛壬戊丁
不成人
辛壬巳丙
鼓目
辛戊月乙
丙母
戊丙乙丙
戊母
乙丙辛巳
垂艮冬
壬月甲丁
乙戊痪巳
重寄
壬甲辛丙
隨母
壬庚丁庚
艸年得艮
丙庚巳丁
丙丁辛甲
伯叔撫
戊戊甲庚
小艮中
庚乙壬戊
門
庚壬月丙
吊
庚壬辛巳
雷
庚乙丙辛
疾
乙辛庚支
血
庚壬庚乙
短

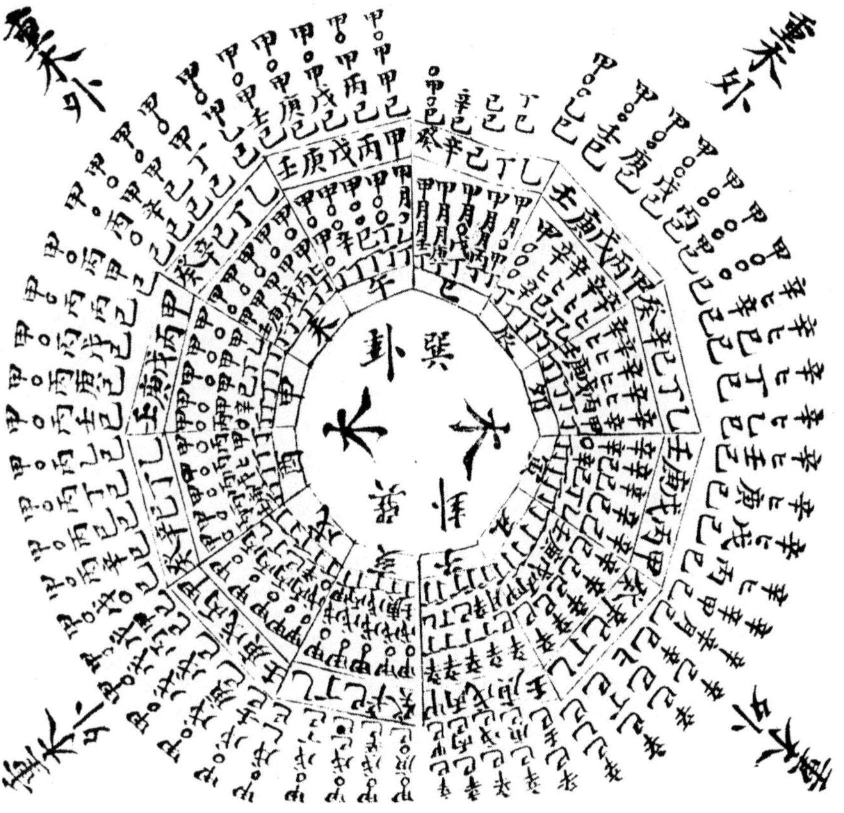

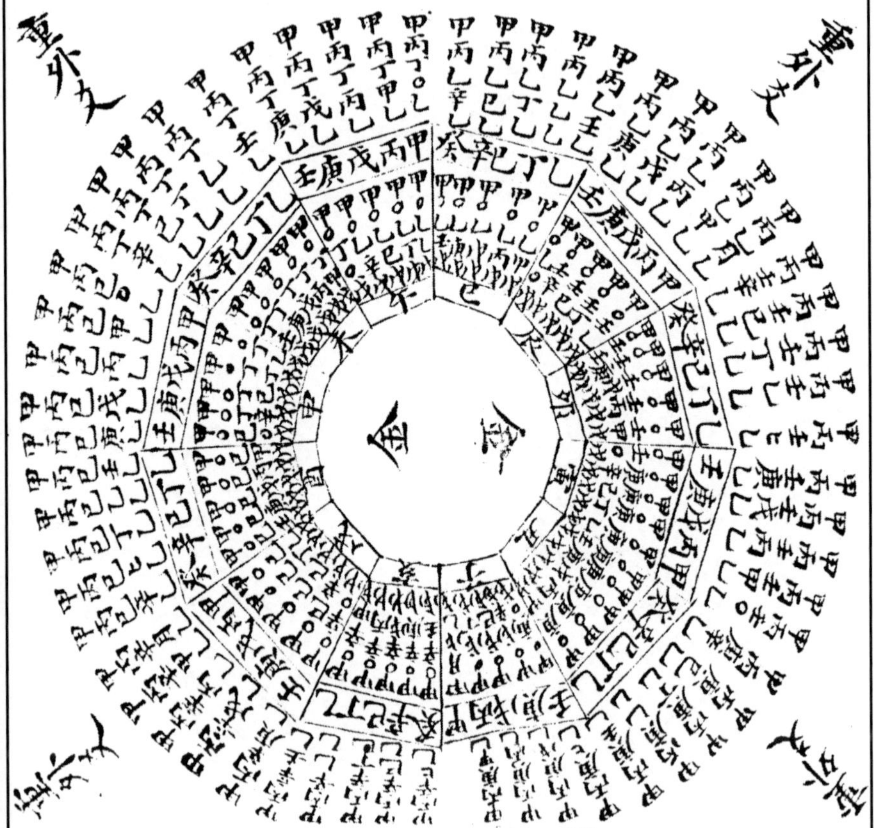

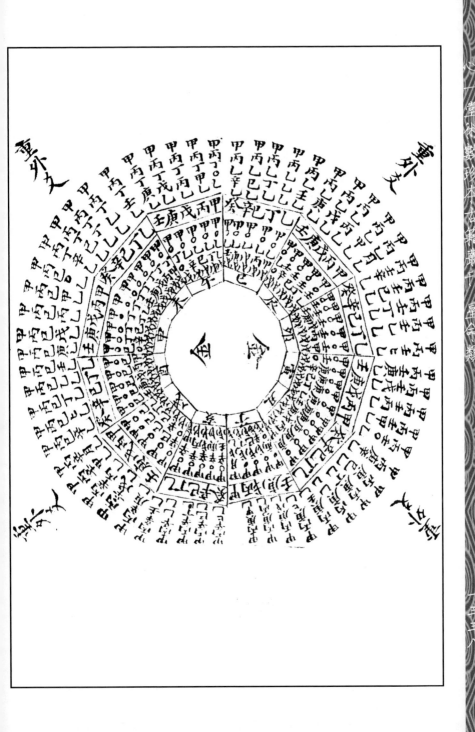

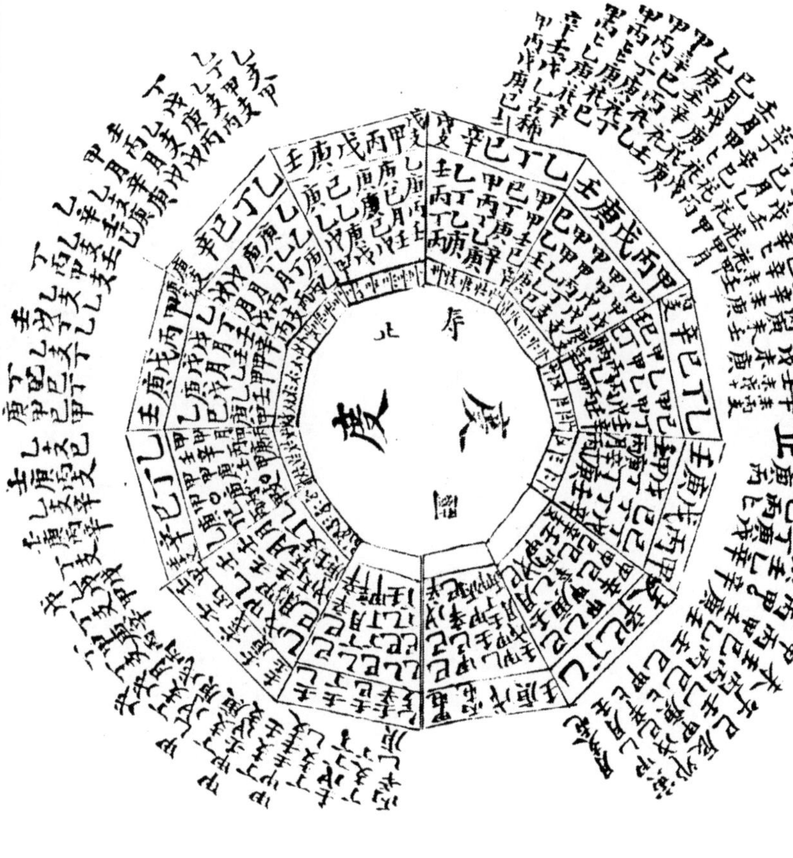

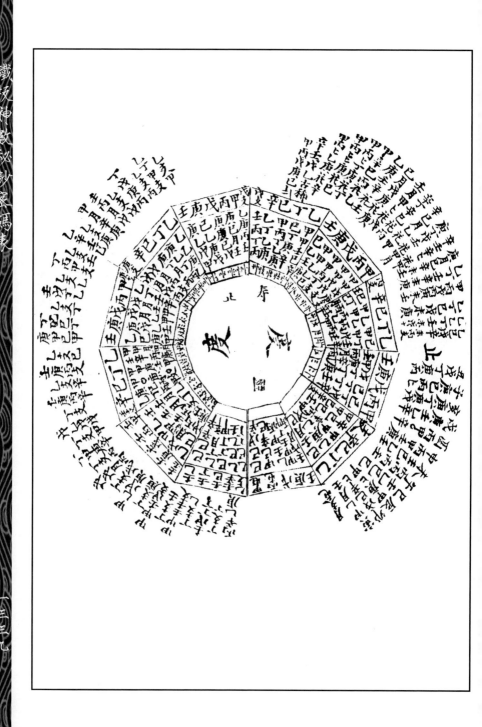

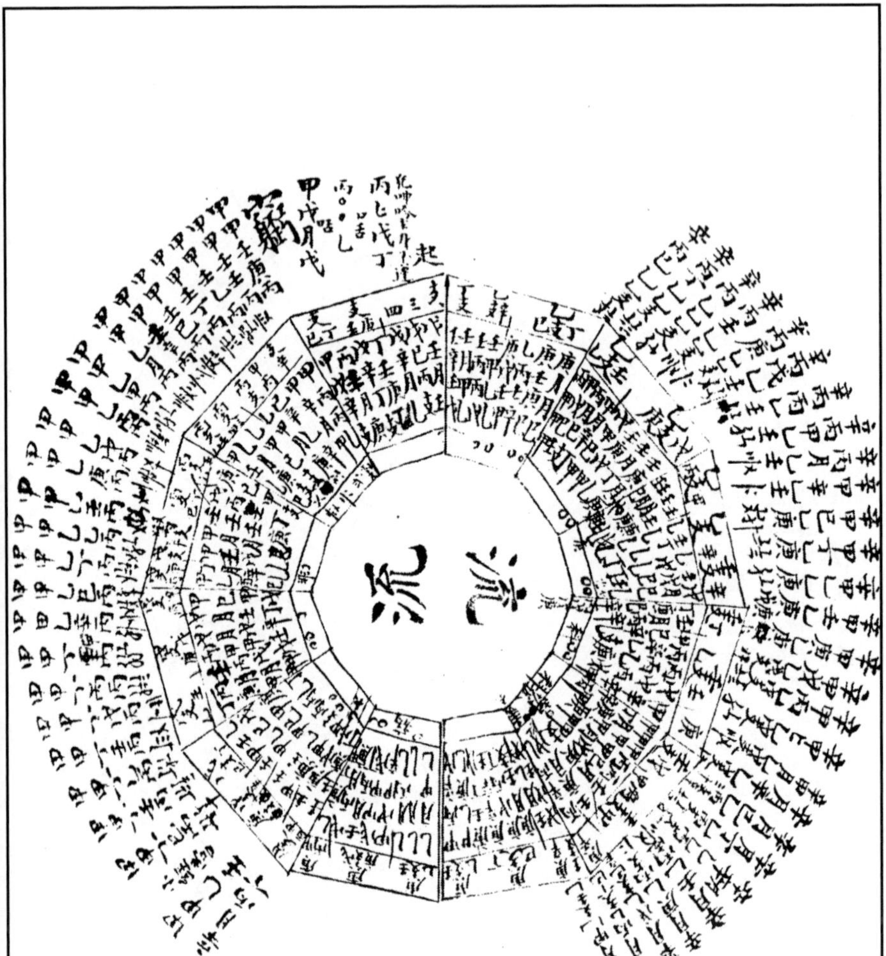

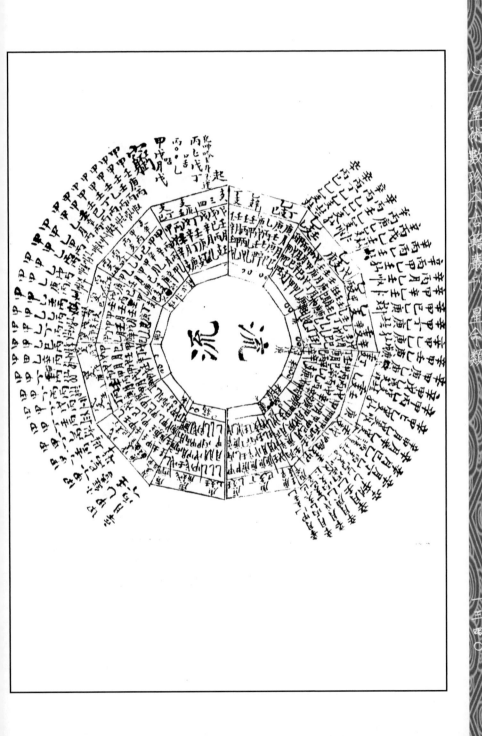

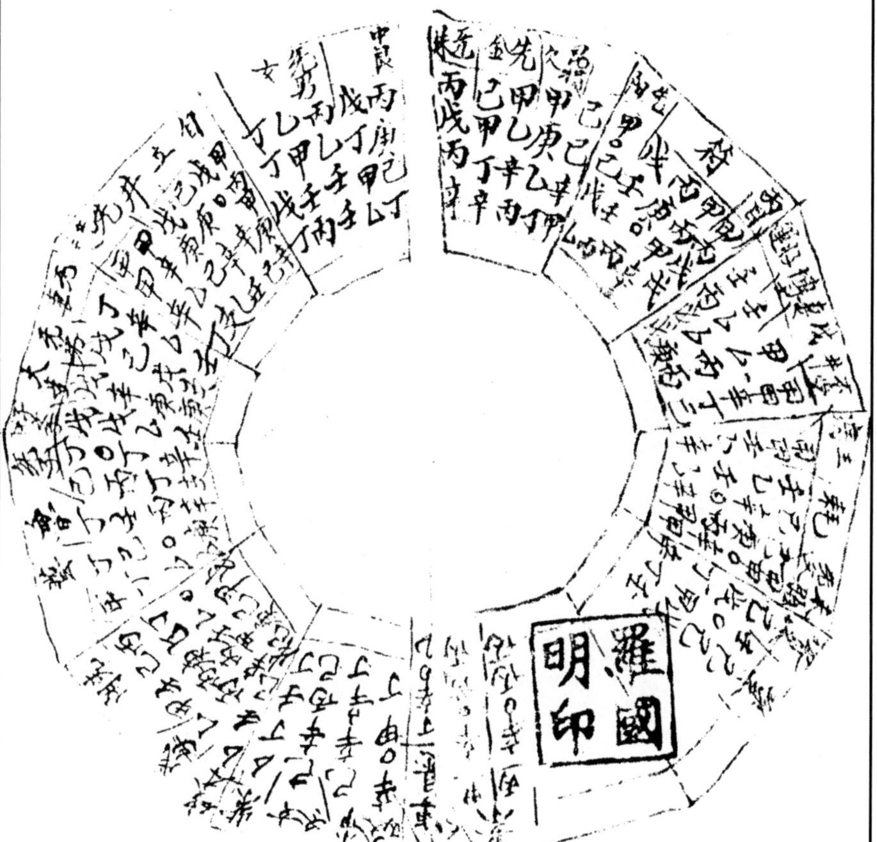
羅國
明印

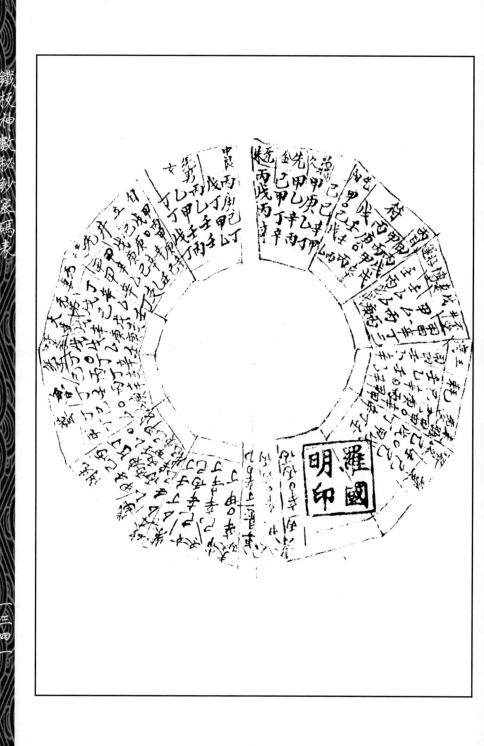